自分で学べる子の
親がやっている

「見守る」子育て

教育家
小川大介

KADOKAWA

はじめに

子育ての「正解」、それは子どもが教えてくれる

子どもには少しでもいい人生を歩ませてあげたいと、親であれば誰しも願います。何が子育ての「正解」なのか、答えを求めた経験が多くの方にあることでしょう。

ひと世代前は学歴をつけて「いい会社」に入り、安泰な生活を送ることが「いい人生」だと考えられていましたから、子育ての「正解」はある程度フォーマット化されていました。

けれども現代は世の中がすごいスピードで変化していて、「正解」のフォーマットが崩れ、「先が見えない時代」と言われるようになりました。

▼先が見えない時代に育てるべきは「自分軸」

そんな先が見えない時代の今、親が子どもに持たせてあげたいのが**「自分軸」**です。自分軸とは**自分はどういう人で、何が好きで、何が得意なのか**という、自分に対する理解のことであり、それに基づいた**判断基準**のことです。自分軸があれば、人生のさまざまな出来事に対して、自分なりの基準をもって決断を下し、自分の強みを生かして社会をわたっていくことができます。

この自分軸を伸ばす子育てが、本のタイトルでもある**「見守る子育て」**です。

私は学生時代も含めてこれまで30年間、中学受験の分野を手始めに、子どもの教育、子育てに関する活動をしてきています。2000年に設立した中学受験専門の個別指導塾では、6000組を超えるご家族と面談をするなど、多数の子育て中のご家庭と関わってきました。

今は塾の運営からは退き、幼児期から小学生にかけての親子関係や学ぶ力の育て方、受験学習に関することなど、親御さんの支えとなるような執筆や講演活動を行っています。私生活では、２００６年に生まれた息子を持つ、一人の父親でもあります。

長年、子育て中のご家庭を見てきて感じるのは、年を追うごとに親御さんたちの切迫感が増しているということです。

「私なりに頑張っているつもりですが、やっぱり頑張れてないですよね」

「これくらいじゃ、まだ『頑張っている』って言っちゃダメですよね」

面談でも、このような声が非常によく聞かれます。みなさんすでに十分すぎるほど頑張っていらっしゃるのに、「まだ足りない」と思ってしまっているのです。

子育てに関する情報を得たときに、昔なら「いいこと聞いた」で済んでいたものが、「どうしよう、知らなかった。うちもやらないとまずい」と不安になり、その結果、**教育によさそうなものをあれもこれもと子どもに詰め込もうとする**親御さんが増えているのです。

こういう状況を受け、私はライフワークとして「見守る子育て」を広めることに取り組んでいます。

「見守る子育て」とは、簡単に言えば、**子どものありのままの姿をよく観察し、その姿を認めて見守り、その子本来の力と可能性を引き出し育むこと**です。その考え方を私は、『頭のいい子の親がやっている「見守る」子育て』（2019年／KADOKAWA）で著しました。本書は、その第二弾に当たります。

前作では、「認める」「見守る」「待つ」という「親の3原則」をお伝えし、幸いベストセラーとして多くの方に手に取っていただいています。

ただ、読者の方々から、生活のいろいろなシーンや子どもの成長のさまざまな場面での「見守る子育て」を、もっと詳しく知りたいというお声が数多く寄せられるようになりました。そこで今作では、「3つの原則」と「43のコツ」に分けて、**とことん実践的に「見守る子育て」をお伝えすること**を心がけました。

社会の変化が激しすぎて、これまでの経験がどんどん通用しなくなってきていますから、子育ての「正解」は親にも、メディアにも、教育関係者にもわかりません。では親としてどうすればいいのかは結局、**子どもから教えてもらう**しかないというのが私の考えです。

▼「自分で学べる子」に育つ3つの原則

子どもは元々、自ら学ぶ力を持っています。自分軸を育てる「見守る子育て」をしていけば、**親があれこれお膳立てしたり指図をしたりしなくても、子どもは自分で勝手に成長していきます。**

「見守る子育て」において、親が子どものために育んであげたいものは、何よりもまずこの3つです。

①「自信」を持つ
②「学びの技術」を得る
③「習慣」を身につける

①の「自信」は、子どもが「ありのままの自分でいい」という**安心感**を持っている状態です。自信のある子は、自分軸をどんどん伸ばしていくことができます。

②の「学びの技術」は文字通り、学ぶためのテクニックです。**学びの成果は学び**

方を知っているかどうかで大きく差がつくので、早い段階から教えておいてあげるということです。

③の「習慣」は、学ぶことを「当たり前」にし、**頑張らなくても学び続けられる**ようにしてあげることです。

この3つの原則については、第1章で詳しくご説明します。

▼子どもは日々生活しているだけでたくさんのことを学んでいる

ひとつ注意していただきたいのが、ここで言っている「学ぶ」ということは、**「国・算・理・社」といった「科目学習」だけを指すのではないということ**です。

いわゆる**「勉強」**はここで言う学びの一部でしかありません。

わからないことがあったら自分で調べたり人に教えてもらったり、「自分はこう思うけど、違うのかな?」と不思議がったり、その考えを人に聞いてもらったり、ほかの人のしていることに興味を持って「それって何?」と首をつっこんだり、**こういったことすべてが「学ぶ」ということです。**

いわゆる「勉強」は、幼児期で言うと生活の1割程度です。中学受験生でも、「学び」の中の「勉強」はせいぜい5割くらいです。子どもはマンガやゲームからでも、今日のおやつからでも、バラエティ番組からでも、さらには親の夫婦げんかからでも、**生活全般からたくさんのことを学んでいる**のです。

▼子どものために本を開いているあなたなら大丈夫

本書では、この「自分で学べる子」に育つには親としてどんな環境作りや関わり方をしていけばいいのかをお話ししたいと思います。こんな関わり方をするといい、あるいはここは手を出しすぎないほうがいいということを、43の「コツ」として具体的にお伝えしていきます。

それぞれの項目は基本的に独立した形になっていますので、どこから読み始めていただいても構いません。気になったところを拾い読みするだけでも十分です。

ただ、本文に入る前に、ひとつだけお願いがあります。

本書を読んで「今までしていなかったこと」に気づいたときに、ご自身を責めたり、反省しなければ……などと思わないでほしいのです。気づいたことがあれば、できるところから変えていけばいいだけ。一気に変えようとする必要もありません。

お子さんのために子育て本を開いているあなたなら大丈夫です。

本書を読み進める中で、「私、わりと大丈夫だ」とか、「うちの子、今のままで十分いいな」とか、「あの子のああいうところを伸ばしていけばいいんだな」などとひとつでも多く発見し、読み終えたあとに親としての自信が満ちて、ご家庭内に笑顔が増えたなら、著者としてこれほどうれしいことはありません。

小川　大介

【目次】

第3章……家庭での学びを見守る

学びの技術

第4章……集団生活での学びを見守る

自信
学びの技術
習慣

第5章……健康を見守る

自信 習慣

第6章……人間関係を見守る

自信　習慣

第7章……親子が認め合うために

自信

装丁／上田宏志［ゼブラ］
デザイン協力／株式会社 デジカル　ISSHIKI
本文イラスト／寺崎愛
構成／渡辺のぞみ
校正／株式会社 文字工房燦光、麦秋アートセンター

第1章

自分で学べる子に育つ3原則

原則 1

「自信」を持つ

▼「自信のある子」とは、どんな子？

私が考える「自信」とは、**「自分は自分、これでいい」**という感覚です。
「これでいい」というのは、「自分はいろんなことに取り組んでいける」「学んで成長していける」という、**「自分に対する信頼感」を持っている状態**です。

これは、「いい結果が出せたから」「成績がいいから」といった尺度で判断するものとは違いますし、「このままでいいんだから、放っておいて」などと周囲を拒絶して内にこもることでもありません。すごく穏やかで、落ち着いた心の状態とでも言いましょうか。未来に対して前向きでリラックスした気持ちでいられることです。

自信のある子は、ほかの子の出来をうらやんだりしません。「すごいね」と一緒になって喜んで、「ぼく（私）もこんなことできるよ」と自分を素直に、無邪気に表現します。自信のある子は、人の考えを否定しません。「そうなんだ、私（ぼく）とは違うんだね。ふーん、面白いね」と興味を持ちます。何事にも素直に興味を示せるので、とても学び上手です。何より、毎日が楽しそうです。

▼赤ちゃんは自信のかたまり

ここで少し、子どもが自信を獲得するプロセスについてお話ししたいと思います。正確に言うと、「生まれながらの自信を手放し、再び獲得するまでのプロセス」です。

生まれながらに持っている100％の自信（赤ちゃん〜幼児期）

↓

他人と自分を比べて、自信が揺らぎ始め、意識が外に向く（3〜9歳ごろ）

❖「自分はこうだ」と思えるようになり、自信を育て始める（8歳ごろ〜）

生まれたての赤ちゃんはすべてが「自分中心」です。そばにお母さんがいたら、抱き寄せてもらえると信じていますし、自分が要求したときにおっぱいがもらえないなんて、考えてもいません。これは、圧倒的な自信によるものです。

少し成長して3歳ごろになると、様子が変わってきます。周囲のことが見えてきて、ほかの子と自分の違いを感じ、**「自分」を意識し始めます。**

自分を意識するということは他人も意識するということですから、人が気になり、人から自分がどう見られているかが気になります。ここで赤ちゃんのころから持っていた無条件の自信、「自分はいつも大事にしてもらえる」と信じ込んできた100％の自信が揺らぎ始めます。

これが意識が自分の外に出ていく「ファーストステップ」で、その後、徐々に「自分はこういうとき楽しい」「自分はこういうことが好き」「自分がこういうことをするとまわりが喜んでくれる」といった「自分自身の発見」を重ねていきます。

この年齢の子どもには自己分析は難しいですから、**周囲の大人や友だちからかけられる言葉によって自分を理解します。**ですから3歳から9歳ごろまでの子どもにとって、特に親の言葉はものすごく影響力があるわけです。

こうして「自分」を作りながら、自信を獲得する段階へと移行していきます。

▼一度は自信の破壊が必要

赤ちゃんのころに持っていた100％の自信を、みんな一度は壊します。

これは悪いことではなく、**成長するのに欠かせない破壊**です。

心理学の用語に「全能感」という言葉がありますが、簡単に言えば「何でも自分の思うままになる」と信じている状態のことで、子どもによく見られる状態です。

自信を一度壊さないと、子どものときの全能感を持ったままで大人になりかねません。これは周囲からするとなかなか面倒な人です。

都市部でよく目にする例ですが、私立の小学校に通っていて、学校の授業で恥をかかないように前もってあれこれ習い事で準備をさせてもらうなど、お金にものを言わせて手取り足取り育てられた結果、他人と自分を比べて自信が揺らぐ経験がない子もいます。

自信が揺らぐ経験に乏しいと、家の中のスタンダードが、外の世界でも当たり前だと思うようになってしまいます。

あいさつができない、学校の先生にどこか上から目線の態度を示す、思い通りにいかないとすぐにやる気を失ってしまう、そういうお子さんたちの中に、こういう家庭環境の子がわりと見受けられます。

赤ちゃんの自信のままで育ってしまうというのは、とても危ういことなのです。

▼親の言葉の影響が特に大きいのはいつ？

親の影響が大きい**3歳から9歳の時期は、親のちょっとした言葉がけや態度ひとつで、自信の土台を作ることができます。**

たとえば、親子で一緒にお笑い番組を見ていて、大笑いしていたとします。「すごく楽しい！」「面白い！」と思ったとき、子どもはきょろきょろっと親の顔を見るときがあります。これは、「今の楽しい気持ち、これでいいのかな？」と、ちょっぴり不安になって、親の反応を確認しようとしているのです。

そのときに、大好きなお父さんやお母さんが同じように笑っていたら、「あ、よかった、同じなんだ！」と安心します。

このときに親御さんが「今の面白かったね」などと声をかけてあげると、子どもの「このままの自分でいい」という気持ちを育んでいくことができます。ささいなことですが、そういう積み重ねが自信につながっていきます。

自信は、「自分軸」、つまり、経験や価値観に基づいた自分なりの判断基準を持つために不可欠なものです。**自信があれば、自分の意思を持ち、自らの人生に主体的に関わっていくことができるようになります。**

原則 2

「学びの技術」を得る

▼学びは「技術」である

子どもが散歩の途中で草むらに虫を見つけて、「あ、カマキリ！　でもなんだか色が違うな？　いくつか種類があるのかな？」と思うことがあったとします。

すると、インターネットや図鑑を見て、名前や特徴を調べることもあるでしょうね。調べた結果、自宅で飼ってみようと思うかもしれません。自宅で飼うには何が必要なのか調べて、飼育ケースを買いに行ったり、庭から土や草を取ってきてケースに入れたりするでしょう。エサを与えているうちに、「このエサはよく食べている」「このエサはあまり食べない」といったことにも気がつくかもしれません。

すると、次に同じカマキリを見つけたときには「これはオオカマキリだよ。エサは生きてる虫で、肉食だから野菜は食べない。脱皮して大きくなるんだよ」などと説明してくれたりするようになります。

関心を寄せたものを調べ、理解し、記憶に残すまでのこういった一連の流れが「学ぶ」ということです。

ここで大事なのは、**学びは「技術」である**ということです。

この例で言うと、カマキリに関心を持ったとき、どうしたらいいのか（近づく？　見る？　触る？）、もっと知りたいと思ったら、どうしたらいいのか（図鑑を見る？　人に聞く？　インターネットで調べる？）、経験として取り入れるにはどうしたらいいのか（飼ってみる？　博物館に行く？　昆虫採集イベントに参加する？）、といったことです。

気になることが出てきたときに、それを明らかにするやり方を知っていれば、学び上手になれます。これが「学びの技術」です。大人は経験からわかっていても、子どもはそうではありませんから、意識的に伝えてあげる必要があります。

この技術は散歩の途中で見つけた虫や花の話だけでなく、机に向かってする勉強にももちろん活用できますから、学びの技術を体得している子は、学校や塾の学習も進めやすくなります。

▼生活の中で「技術」が身についた親世代と、それが難しい子ども世代

具体的な技術については第3章で詳しくお話ししますが、「自分で学べる子に育つ3原則」のひとつに「学びの技術」を入れたことは、ここ数十年にわたる子育て環境の変化に理由があります。

今の40代以上の方々が子どものころは、いい意味で子どもたちに時間がありました。今のように、習い事だ、塾だと忙しい子どもはあまりいませんでした。

親きょうだい以外にも、近所のおじさんやおばさん、さまざまな年齢の子どもたちなど、幅広い世代の人との関わりがあったので、**日々の生活を通して、暮らしのコツや裏技を学ぶことができた**のです（たとえば「子どもがお肉屋さんに買い物に行くと、

オマケして多めに包んでもらえることがある」とか、「自転車がパンクしたときは、チューブに石けん水をぬって、プクーとふくらんでくるところにガムテープを貼ると応急処置ができる」など）。

小学校の先生も今ほどは忙しくありませんでしたから、授業も今よりずっと、ゆっくり丁寧に進めることができました。低学年のころ、担任の先生に、鉛筆の持ち方を見てもらった記憶のある親御さんもいらっしゃるかもしれません。

漢字ひとつとっても、じっくり教わることができました。たとえば「利という漢字を見てみよう。稲などを表す『禾』を、刀の『刂』が刈り取るから『利益』の『利』なんだね」などと成り立ちや意味まで説明されることが、今よりも多かったのです。

ただノートに書き取るよりも成り立ちから学ぶほうがずっと、「利」という漢字が記憶に残るはずです。私自身も、「木がへいで囲まれると困るよね」と教わったシーンが今でも思い出されます。

▼できる子の家庭では「学びの技術」が伝えられている

このように、昔は普通に生活する中でさまざまな技術を自然と身につけてきたため、親世代は「生活の中で技術を教える」ということが意識されず、勝手にわかるようになると思い込んでいる部分があります。

ところが、今は習い事などで子どもも忙しく過ごしています。学校の先生も忙しいので、「これとこれをやりましょう」という「メニュー」はたくさん与えられるのですが、**「どのように学べばよいか」ということは誰も教えなくなっています。**

決して親や先生が悪いわけではなく、「みんな学びの技術を誰かに教わってきた」ということが意識されていないことが原因なのです。

「間違った問題はやり直す」「昨日勉強したことを今日おさらいして記憶に残す」といったことは、「言われなくても当然」だと思っている人が多いのですが、実はそうしたひとつひとつの知識は、誰かから学んできたものです。

ですから、今この時代での子育てにおいては、学びの技術を家庭で意識的に伝えてあげたほうがいい、というのが私の考えです。

実際、**「できる子」の家庭では、普段の会話や遊びの中で学びの技術が伝えられていることが多い**のです（それが当たり前になっているご家庭では、親御さんもほとんど意識していないのですが）。

ここまで読んで、「これまで、うちの子に学びの技術なんて教えたことがなかったなあ」と思われた方、不安にならなくて大丈夫ですよ。

このあとの章で具体的にお伝えしますので、お子さんの成長に合わせて段階的に教えてあげてください。そうすれば、お子さんは学び方を身につけて、学ぶことが好きになっていきます。

原則3 「習慣」を身につける

▼学ぶことを「当たり前」にする

習慣というのは、**「当たり前の水準を上げていく営み」**です。

もう少し簡単に言うと、努力を必要としない状態、頑張らなくてもいい状態を目指すこと、です。誰かに言われなくても、それをすることが普通になっているという感覚ですね。

朝起きて顔を洗うことや、寝る前に歯をみがくことは、当たり前になっているから、毎日しているわけです。毎日するということはつまり、習慣になっているということです。学びにおいても、この「することが当たり前」を目指すのが大事です。

ここで注意したいのは、**「当たり前」は「楽しいからする」わけではない、**ということです。「楽しいから」が必要な状態は、どこかで破綻します。昨日楽しかったことが今日は楽しくない、ということもあり得るからです。

何かを学ぶとき、毎回毎回、興奮するような発見があるとは限りません。そういうときに「楽しくないからやめた」「ワクワクしないからやらない」では困るわけです。習慣というのは、興奮や努力や我慢を必要としない、当たり前のことが淡々と続いていくことなのです。

学びの習慣が身につけば、子どもは自ら伸びていきます。

- 新しいことを知る
- 知ったことを覚える
- 何かを読んだり書いたりする

こういったことをぜひ、子どもの生活内の「当たり前」に入れてしまいましょう。

当たり前が増えれば、増えた分だけ子どもは勝手に成長していきます。

▼やる気が生まれるメカニズム

「学びを習慣化する」と言うと大げさに聞こえてしまいますが、家庭で簡単に実行できます。

たとえば、子どもが「これ、何だろう？」と首を傾げたとき、「図鑑を見てみたら？一緒に見てみようか」と返す。これだけでいいのです。

子どもは基本的に、わからないことをわからないまま放置します。わからないことに出会ったら調べる。これを「当たり前」にするには、調べ方を教えたあと、調べるように促したり、一緒に調べたりすることで、**「調べたらわかった」という経験を積ませてあげることが大切**です。

そうすることで徐々に、「わからないことがある」→「調べたらいいんだ」という回路が動き始めます。これが続くことで、学びの習慣ができていきます。

ですから、子どもにやる気を出してもらいたいなら、「一緒にやってみようか」と声かけして、初動の手助けをしてあげることです。

「やる気」という言葉を使いましたが、この「やる気」については勘違いされている親御さんがとても多いですね。

先にやる気があって、だから行動もできるんだ、と考えていませんか？　子どもの真実は、「やってみたらできたから、次もやろっかな」です。**「やる気があるからやってみる」のではなく、「やってみてできたから、やる気が生まれる」のです。**

▼「当たり前をほめる」のが習慣化のカギ

大人は「当たり前のことだから、ほめなくていい」と思いがちなのですが、それは逆。**「当たり前だからほめる」、**これを習慣にしてください。

なぜ「当たり前をほめる」のかというと、ほめられるのは子どもにとってうれしいことだからというのももちろんですが、もっと大切な理由は**「お父さん・お母さんがちゃんと自分を見てくれている」という安心感を持たせられること**、そして**「自分はちゃんとできてるんだな」と確認できること**です。

さきほどお伝えしたように「できたから、やる気が生まれる」ので、「できてるね」とほめてもらうことで、「じゃあ明日もやってみようかな」とやる気が出るわけです。

せっかくよい習慣を作っても、ほめることを忘れたために、習慣が消えてしまうことはたくさんあります。

「いつの間にかやらなくなった」という場合、親御さんの話を聞いていくと、子ども自身がやめてしまったというよりは、「ほめるのをやめてました」というケースが大半です。子どもというより親の習慣の問題なのですね。

「習慣」は学びだけでなく、就寝時間や手洗いのような生活面、あいさつや言葉遣いのようなコミュニケーション、身だしなみやマナーのような社会性にもつながります。

さまざまな「当たり前」の水準を高めていくことで、人生の幸福感は間違い

なく高まります。

子どもがよい習慣を身につけてくれると、親の側もあれこれ口うるさく言う必要がなくなり、ゆったりとした気持ちでお子さんを見守ることができるようになります。

私はいつも、**「子育ては2勝8敗」**だと言っています。

10回のうち2回でも、子どもの様子をよく見て、そのタイミングにふさわしい声かけができたなら、上出来です。

第2章以降では、この3原則を基にして、日常生活にすぐ生かせる具体的な声かけの仕方や関わり方をご紹介していきます。

column

「ちゃんとしなさい」の「ちゃんと」ってどういう状態？

子育て中の親御さんたちがなんとなく使ってしまいがちな言葉に「ちゃんとしなさい」があります。

実は、大人の口からこの言葉が出てきたとき、当の大人もその「ちゃんと」が具体的にどういうことなのか、わかっていない場合が多いものです。自分の中で「うまくいったあと」のイメージはあっても、何をどうすればそうなるのか、パッと言葉にできないような状態ですね。

あえて翻訳するならば、「くわしくは説明しないけれど、私が心地いい状態にして」でしょうか。これは口には出しにくいですね（笑）。子どもにとって難しすぎてどうしたらいいのか、わかりません。

ですから「ちゃんとしなさい」と言いたくなったときは、具体的な言葉に置き換えてみてください。

「ちゃんとしなさい」
→「少ししんどくても、背筋を伸ばしてもう少し待っていて」
→「使ったものは元の場所に戻そうね」
→「よそ見をしないで話している人のほうを見るんだよ」

口から「ちゃ……」と出かかったら、「おっと、待てよ」と、ストップをかけましょう。何がどうだったらいいのかという「主語と述語」を自分の中で考える習慣を持つと、子どもへの伝え方が格段に上達して、イライラしてしまうことがぐっと減りますよ。

第2章……遊びを見守る

自信

学びの技術

習慣

コツ 1 遊び方に表れるその子の特性を観察する

遊んでいるときの子どもは、一番ナチュラルな状態です。ですから、子どもが遊んでいるときの様子からは、さまざまなことがわかります。具体的には、次のようなことです。

- その子が得意なこと
- その子の心が動くこと
- その子の情報のとらえ方

お子さんの強みを伸ばす秘訣《ひけつ》は、その子が持つ特性を生かすことですが、**その特

性を見出すチャンスが遊んでいるときなのです。

「何が好きなの？」「何をしたい？」と尋ねても、「これがいい！」「これがしたい！」とはっきり答えられる子は少ないものです。

しかし、言葉で伝えることができなくても、遊びに没頭しているときの子どもは自然と自分らしさを出しています。本来の才能を、遊びの中で発揮しているのです。

そもそも子どもは、大人に何かしてもらうことで育つのではなく、放っておいても自分で育つ力を持っています。**遊びの時間をたっぷり持たせてあげることで、自ら育つ力はますます発揮されます。**

親御さんたちの中には、「遊び」を「勉強」の反対だと思っている方や、「遊び」より「勉強」のほうが大事だとお考えの方がいますが、それは違います。遊びは子どもが自ら育つ回路をスムーズに働かせるためにとても大切なもので、遊ぶからこそ勉強もできるわけです。

ですから、**遊びと勉強のどちらが優先かと言えば、それは圧倒的に「遊び」です。**

勉強は知識や技術でなんとかなるものですが、**遊びは子どもの生命力を育てるもの**だからです。

▼大人が「遊び」だと思っているものだけが遊びではない

今は低学年から塾通いをするお子さんも珍しくありませんから、「じゃあ、子どもに塾通いをさせるのはよくないこと？」と心配になる親御さんもいらっしゃるかもしれませんね。この点については、塾に通うことがその子にとって「遊び」になっていれば、問題ありません。

塾の先生の話が楽しい、習ったことをベースに親子でクイズ大会をするのが楽しい、塾の行き帰りの時間に親や友だちとおしゃべりするのが好きなど、「本人らしくいられる楽しさ」があれば、それは遊びと言うことができます。

大人は、計算ドリルをするのは「勉強」で、キャラクターの絵を描くのは「遊び」というふうに分けてしまいがちですが、本当はそうではありません。計算ドリルを本人らしく楽しんでいれば、それも「遊び」です。

楽しんでいるかどうか見極めるには、普段からお子さんの遊ぶ姿をよく見ておくことです。「楽しいときは口数が減るみたい」「集中しているときは体をゆらゆらさせるんだな」といったことを把握していれば、計算ドリルを解いているときに楽しめているかどうかもわかるようになります。

まずは、お子さんをたくさん遊ばせてあげましょう。そして、お子さんの遊ぶ様子をよく観察し、その子の特性を見出してあげてください。

コツ 2

「飽きっぽい」のではなく「好奇心が旺盛」ととらえる

欠点は、「長所の裏返し」。

頭ではそうわかっていても、わが子にはつい厳しい視線を向けてしまう親御さんは多いですね。

では、子どもの欠点（のように見えるところ）が気になるときは、どのように見守ればよいのでしょうか？

まずは、**自分のものの考え方で子どもをジャッジするのをやめてみましょう。**

欠点ばかり目についてイライラしてしまうのは、子どもを上手に観察する方法を知らないからです。見てあげ方がわからないから、自分のやり方や価値観を子どもに押しつけてしまって、結果イライラするのです。

ではどうすればいいかというと、**子ども側の事情を知っておくこと**です。

子どもにもいろいろな事情があります。知識としてそれを知っておくだけでも、子どもの欠点（のように見えるところ）を理解しやすくなります。そうすると、子どもの長所を伸ばす見守り方が見つかってきます。

この項目のタイトルにもあるように、「うちの子はなんだか飽きっぽい」「落ち着きがない」という悩みはよく聞きます。

「飽きっぽい子」にはいくつかのタイプ、言い換えれば「事情」があります。

①視覚が敏感
②身体感覚が敏感
③聴覚が敏感

ここから、それぞれの特徴と、親御さんとしてできる見守り方を、少し詳しくお話ししていきましょう。

▼①視覚が敏感な子：いろいろなことに気づく

いろいろなものが「見える」、つまり気づくことができるお子さんです。そのために注意があちこちに向けられます。見えたものが気になってしまうために、一所《ひとところ》にじっと留まって深くじっくり考えたり、味わったりする経験が乏しくなりがちです。つまり、**じっくり味わう感覚が育ちにくい、という事情がある**のです。

【親御さんができる見守り方】

このタイプのお子さんは、周囲がよく見えているので、さまざまなことに好奇心を向けられる子です。関心の幅、可能性の幅が広い子とも言えます。気づけるからこそ、学ぶきっかけができるのであって、それは素晴らしい可能性です。

その一方で、**ひとつのことをじっくり味わう力も育んであげましょう。**目に入る刺激や視覚情報を少なめにする、ゆったりした時間を持たせるなどして、落ち着いた生活環境を整えてあげることです。

〈例〉
1：余計なものが見えないように整理整頓する。
2：遊びや学習のアイテムを1つか2つ程度に絞る。
3：ごはんをゆっくり食べる。

「3：ごはんをゆっくり食べる」は意外に思われるかもしれませんが、「味わう」ということを体感させるのにとても効果的です。ゆったりと食事を楽しみながらよく噛《か》んで、食べ物の味を深く味わうことは、物事を味わう心も育んでくれます。

▼②身体感覚が敏感な子：エネルギーにあふれている

親御さんからは「少しもじっとしていない」と言われがちな子で、体を動かすことに長けているお子さんです。エネルギーがあふれやすいため、外に出ると走り回り、家の中でもモゾモゾしたりしています。体の感覚が敏感な子には、**実際に体を動かしながら学ぶスタイルがおすすめ**です。

【親御さんができる見守り方】

家の中でじっとしているのは苦手なので、スイミングやサッカーのような、しっかりと体を動かす習い事をさせたり、体を動かすタイプのゲームで遊ばせたりして、**エネルギーを使わせてあげましょう。**人通りが比較的少ない時間に散歩をしたり、外を走ったりしてもよいでしょう。

〈例〉
1：抱きしめたり、背中をさすったりして気持ちを落ち着かせる。
2：口で説明するだけにせず、実際にやらせてみる。
3：口元をじっと見ながら話を聞く練習をする。

感じ取る力の高さを生かしながら、観察すること、言葉を聞き取ることを意識させてあげると、バランスよく力が使えるようになります。百人一首などもいいですね。

▼③聴覚が敏感な子：耳がよいことを生かす

耳がよく、「音がよく聞こえる子」です。物音に敏感なので、誰かが少し話をしていただけでも気になって、そちらのほうを見たりします。音感がよく、音楽に才能を発揮することもあります。きょろきょろしがちなので「ほら、集中しなさい！」「よそ見しないの！」と注意されがちなのが、このタイプのお子さんです。

【親御さんができる見守り方】

耳がいいために集中しづらいことがある、という事情を理解しましょう。

「聴覚過敏」と診断される人の中には、周囲の物音が大音響で聞こえてしまい、日常生活を送るのも困難という方もいます。そうでなくても、聴覚が優位な子にとっては、周囲のさまざまな音に敏感に反応できてしまうのです。

静かな環境を用意するなど、できることはたくさんあります。

〈例〉
1：作業に集中するときは静かな環境を用意する。ヘッドホンを装着させても。
2：耳から入る情報に敏感という特性を生かし、読み聞かせをする。
3：神経衰弱のような、目で見て記憶するタイプの遊びを取り入れる。

本来持っている聴覚の強さはそのまま生かして使わせてあげたうえで、**聴覚以外の感覚に依《よ》った遊びも取り入れてみましょう。**

まんべんなく**いろいろな遊びに触れさせることで、敏感な感覚以外も使いやすくなる**ということを、親御さんが知っておくといいと思います。

こういった工夫をするだけでも、いろんなことに好奇心は持ちつつ、気に入ったことに対してじっくり取り組むことができるようになっていくはずです。

「見守る」ために
子どもの事情を知っておく

大人から見て「飽きっぽい」と思う子には視覚や身体感覚、聴覚が敏感という事情があることを理解すれば、その子の長所を伸ばせる

コツ3

「興味の幅が狭い」のではなく「深められる」ととらえる

「好きな本しか読まない」「決まったおもちゃでしか遊ばない」「恐竜のことは大好きだけど、友だちのことはさっぱりわからなくて関心を示さない」。こういった悩み相談もよく受けます。

結論から言うと**「まったく心配無用！」**です。

❖ **興味の偏りが成長を偏らせるわけではない。**

❖ **広く・浅くから深める道もあれば、狭く・深くから広げる道もある。**

こういったことを頭の片隅に置いておくと、お子さんをゆったりとした気持ちで見

守れるようになると思います。

「興味を持ったことしかやらない子」というのは、言い換えれば、**「ひとつのことを深く掘り下げていける子」**とも言えるわけです。これはとても素敵な力ですよね。

お子さんが特定の遊びしかしないことで、それ以外の能力が伸びないのではないかと心配する親御さんもいらっしゃるようですが、大事なことは、**「何で遊ぶか」ではなく、「どんな遊び方をしているか」です。**

たとえば「うちの子、ブロックでしか遊ばないんです」という相談を受けたとき、私は必ず「ちなみに、ブロックでどんな遊びをしていますか？」とお聞きします。なぜなら、ブロック遊びにも、バリエーションがたくさんあるからです。

ブロックの数を数える遊びができます。平面に並べて形を作ることもできます。見たことがあるものを作り上げるという遊びもありますね。「くっつけて外す」という動きや感触を楽しむ遊び方もあります。実際には存在しない何かを自分で想像して作ることもできます。ブロックを使ってままごとを始める子だっています。

同じおもちゃで遊んでいても、実際にはいろいろな遊び方をしているはずです。
ですから見るべきことは、この章の冒頭で述べたように**「どんな遊び方をしているか」「どんなときが楽しそうか」**です。それを、「ブロックでしか遊ばない」ととらえてしまうと、その子を理解するための入り口が狭まってしまいます。

それでも、別のことにも少し関心を向けてくれたら……と思う場合は、その子が持っている探究心は大事にしつつ、「たまには、違うことに目を向けるのも面白いよね」「もっと虫のことを知って、虫博士になるといいよ！（と、興味のあることをほめつつ）ちなみに、こんなものもあるけど、どう?」などと、その子の関心事以外の面白いことを一緒に探してあげるような気持ちで声かけするといいですね。

そのときすぐに興味を示さなかったとしても、それはそれで構いません。また別の角度からアプローチしてみればいいだけです。**あれもしなさい、これもしなさいと親のほうがあせってしまわないように気をつけたい**ですね。

▼興味が偏っていたって、人間性は偏らない

興味関心が特定の分野に偏っているからといって、人間性が偏ったり、人付き合いの幅が狭まったりするようなこともありませんから、その点もご安心ください。

ひとつのことに深い関心や好奇心を寄せる子はきっと、周囲の人にも、その人ならではの関心事があるということを理解できる子になるはずです。

「ぼくは恐竜のことが大好きで、詳しい。でも乗り物のことはあんまり興味ない。だけど、友だちの○○くんは、すごい乗り物好きで、めちゃめちゃ詳しいんだよ」。

こんなふうに、お子さんの口から興味の対象がまったく異なる友だちの話が出てくれば、その子はしっかり周囲のことが見えています。「みんなが恐竜好きというわけではない」ということがわかっているからこそ、言えることです。

「あなたは恐竜が好きなんだよね」と**自分のことを認められて育った子は、ほかの子が好きなことも「そうなんだ」と認める力が育ちます。**多様性の根っこには「認め合い」があることを心に留めておきましょう。

コツ 4

「興味を示さない」のではなく「自分の世界がある」ととらえる

よくあるご相談の中に「何を見せてもあまり反応しない」というものがあります。

せっかく絵本を買ってきたのに興味を示さなかったり、わざわざ休日にイベントに連れて行ったのに反応が薄かったりしたら、親としては残念な気持ちになりますね。

私も父親として、大いにわかります！

ただ、こんなときに意識したい2つのポイントがあります。

1つ目は **「味わう時間もないくらいに、次々に物事を与えていないか？」** という点です。

子どもが体験を自分のものにするには、ボーッとする時間が必要です。ボーっとしている時間に「あのお話に出てきたこぶた、お父さんに似てたな」「ピアノとオルガンって、形が似てるのに音は違うんだ」などと考えをめぐらせながら、体験から得た知識や刺激を吸収し、血肉に変えています。

ですから、考える時間もないくらい次から次に与えているとと、ひとつひとつを味わうことができず、反応が薄くなってしまうのです。

2つ目は**「すでに自分の世界があって、そちらに心を奪われていないか?」**という点です。

本当は興味を示している事柄があるのに、親御さん側がそれに気づいていないだけというケースです。あれこれと「与えてあげなきゃ」とばかり思わず、「もしかして自分の世界があるのかも」という目でお子さんを観察してみるといいですよ。

▼子どもの「ううん」「わかんない」について、知っておきたいこと

子どもの反応が薄いので「つまらないの?」と本人に尋ねても、返事は「ううん」。

「ううん」と言いながら特に楽しそうなわけでもなく、無表情だったりすると、「この子、何を考えているのだろう……？」と、心配になりますよね。

知っておきたいのは、**子どもなりに物事を理解したり、吸収しようとしたりしていて心と頭が忙しいと、こういう反応になる場合がある**ということです。

タイミングを無視して聞き出そうとしてもうまくいきませんが、本人の中で何かしらの区切りがつくと、「あのときね……」と急に話してくれることもあります。

こういう知識を持っておくと、親のほうで勝手に不安になって無理に聞き出そうとし、反応が薄くてさらにあせるという悪循環にはまらずに済みます。

「今日は何したの？」「学校どうだった？」などと尋ねたときに、**「別に」「わかんない」と言う子がいますが、こちらも同じ**です。

親の側は、話してくれないという「表面」だけを見て、「うちの子、何も話したがらないんです」と決めつけがちです。ですが、子どもは話したくないわけではなく、ただ「話すタイミングが来ていなかった」だけということが多いのです。

こういうときは、「そっか」で済ませてしまいましょう。時間をおけば話してくれますよ。


気をつけたいのは、**「わかんない」などの言葉に対し、勝手に「親の私を拒絶した」という解釈をしない**ことです。

子どもの言葉を額面通りに受け止めると、あとでせっかく子どもが話す気になってくれたときに「さっき、『別に』って言ったじゃない！」と責めてしまって、かえって親のほうが拒絶してしまうなんてことになりかねません。


言葉で表現するのが苦手な子もいます。

自分の気持ちをうまく言葉に置き換えられない子に寄り添うときは、同じ方向を向いて、ただ横に座っているだけで構いません。そうすると、「受け入れてもらえた」という安心感で、心の整理がついて、急に話し出すこともあります。

コツ5

その子なりの「外遊びの楽しみ」を尊重する

子どもは、それぞれの個性に合わせて力を発揮し、成長しています。

ただ、まわりの大人がそれに気づかないことで、無意識に芽を摘んでしまうことが起きています。子どもの観察のポイントを知らないために、「人に勝った」「点数が取れた」という「見えやすい部分」にしか目が行かないからです。

「外遊び」においても「見えやすい部分」に目が行きがちですね。「自己主張する」「よく走り回る」といった個性の子はわりと目立ちやすいので、大人はこうした子どもたちを見ると「元気がいいね」と安心します。

一方、みんなが遊ぶ様子を遠巻きに見ているような子や、そもそも外遊びをしたがらない子は「心配な子」ととらえられてしまいがちです。

▼外遊びを積極的に楽しまない子は、心配な子？

「友だちの輪の中に積極的に入らない子」「盛り上がっている友だちを遠巻きに見ている子」を見て「仲間に入れないの？」と不安になる親御さんもいますが、**遠巻きに見ているだけでも、楽しそうにしているなら心配いりません。**気持ちのうえでは遊びにしっかり参加しているのです。

こういうお子さんは、一人遊びが上手で、自分の世界を作れる子です。だからこそ、みんなと一緒になってワーッと遊んでいなくても平気なのです。想像力が豊かで、他者に共感する力も実は高いことが多いです。

また「外遊びや体を動かすことにあまり興味がない子」もいます。大人は「子どもなんだから体を動かさなくちゃダメ！」と思いがちですが、こういう特徴も個性です。このタイプの子は、見たり聞いたりすることで頭を使う傾向のある子です。

結論を言えば、いずれの場合も、あまり問題はありません。

むしろ気をつけたいのは、大人から見てわかりやすい安心を求めて「一緒に遊んだら？」「一人でじっとしていてもつまらないでしょ」と口を挟みすぎることです。その子が大事に育てている「自分の世界」を否定して、せっかくの個性の芽を摘んでしまいかねません。

「この子にはこの子の楽しみ方がある」と思って、ゆったりと見守るほうがいいですよ。

ただ、**お子さんの好みの遊び方と体力作りは別の問題**ですから、そこは少しだけ注意してあげましょう。

公園の隅でみんなで固まってゲームをしていたり、地面にいる虫をじっと眺めてあまり動かなかったりといった「外で遊んではいるけれど、あまり体を動かしていない子」にも言えることですが、成長期の子どもにとって、適度に体を動かして筋力をつけたり、日光に当たってビタミンDを作り出し、骨を育てることは、とても重要です。

お子さんがそういう機会に乏しいなと感じたら、

- **散歩に出かける。**
- **近所でランニングする。**
- **朝の体操をする。**

など、親子で一緒に運動したり、習い事を利用したりするなどして、体を動かす時間を意識して作るといいですね。

コツ 6

好きな本を好きなように読ませる

「読書神話」と言ったら大げさかもしれませんが、大人の側が読書に期待しすぎているのではないかなと感じることがあります。

その読書神話においてありがちなのが、「本をちゃんと読む」という考えです。「絵本の絵の部分しか見ない」など、大人から見て「ちゃんと読んでいない」状態が気になるという声がよく聞かれます。

ですが、絵を見ているだけで楽しい子もいます。物語から連想した別の何かをぶつぶつぶやいて楽しむ子もいます。そういう子たちは、自分なりの方法で本の世界に入り込んでいるのです。大人から見て「ちゃんと」本を読んでいるように見えなくても、**本を使って楽しんでいるなら、それでいい**のです。

大事なのは「何をどう読ませるか」ではなく、子どもがどういう本と出会い、どういうところを面白いと思うのかを見守ることです。

▼いろいろな本を読まなければいけない？

本に限った話ではありませんが、**「小さいうちからいろいろな分野のものに触れさせなければ」という思い込みは、捨ててしまったほうがいい**です。子どもの関心は、いずれ何らかの形で広がっていきます。

もし親御さんが読ませたい本があるなら、「これ、お母さんが好きだった本なんだ」などと、理由とセットでお子さんに手渡してみてもいいでしょう。

それでも読まないなら、今はそのジャンルの本を読むタイミングではないんだな、くらいにとらえておけばいいと思います。知識は必ず本から得なければならないわけではありません。自分はなぜこの子にこの本を読ませたいのだろうかと考えて、**本**

以外の手段でそういう世界に触れさせてあげてもいいのです。

私自身も、自分が子どものときに好きだった本を息子に「これ面白いぞ」と薦めることがありますが、感想を話していたら「ふーん」と言って読んでくれることもありますし、読まないこともあります。読まなくても、それはそれでいいと思っています。

そもそも本自体を読みたがらない、読まないという子もいますね。確かに本から学べることはたくさんあるのは間違いありませんが、「本は面白くない」と言う子はやっぱりいますから、無理強いはやめたほうがいいでしょう。

たとえば、文字を目で追うのがしんどい子どももいます。そういう子に対しては本に固執せず、「体験から学ぶ」というふうに、**アプローチを変えてみる**ことです。家族のおしゃべりでもいいですし、映画やアニメだって構いません。YouTubeの動画もあります。さきほども述べたように、無理に本から知識を得ようとしなくてもいいのです。

大事なのは「子どもが育つこと」であって、「本を読むこと」が最優先で

はありませんよね。その視点に立ち返るようにすると、本と上手に付き合えるようになります。

▼本を読まない子は読解力が低い？

「でも、本を読まないと読解力が低くなって、受験に不利なんじゃないでしょうか」と心配する親御さんもいらっしゃいます。

確かに、本を読むことで読解力の一部が伸びやすい、ということは実際にあります。本をたくさん読む子が中学受験で有利になる点は、語彙力が増えるということです。ほかに、物語のストーリーを知っていることが役立つ場合もあるでしょう。

ですが、**「本を読まない、だから読解ができない」というのはまったく論理的ではありません。**本を読まないなら、必要な語彙や文章の読み方を身につけるために、何を使ってどういう習慣を作るか、別の手立てを考えればいいのです。

読書は大事、という考えで頭がいっぱいになって、「この子なりの本との出会い方」というとらえ方が後回しになってしまわないように気をつけてくださいね。

コツ 7

おもちゃ選びは子どもの意思を尊重する

おもちゃについて知っておいたほうがいいのは、**高価なおもちゃがいいとは限らない**ということです。

特に、いわゆる知育玩具の類《たぐい》は、いかにもそれを使った子どもが賢く育ちそうな謳《うた》い文句がズラリと並んでいますが、選ぶときには少し注意が必要です。

私の考えるおもちゃの選び方のポイントは、次の3つです。

①遊び方が複雑すぎないか。
②遊び方に広がり（発展性）があるか。
③子どもが触れてみたとき、感触に心地よさがあるか。

①と②はリンクしているのですが、知育玩具や、複雑な機能を売りにしている玩具の中には、遊び方が決まりきったものもあります。**ルールや遊び方が決まりきっていると、自由な発想や遊び方の展開は妨げられることになります。**

53ページで、同じ「ブロック遊び」でも、組み立てたり、並べたり、くっつけて外す感触を楽しんだりなど、さまざまな遊び方があるという話をしましたが、このように自由度の高い遊び方ができるおもちゃが理想的です。

③については「子ども自身の心地よさを基準に選んでほしい」ということです。素材にこだわった外国製の高価なおもちゃを見ると、大人は「高くて品質のよいものなら安心だ」と思いがちですが、子どもにとってはどうもなじめず、持て余してしまうこともあります。

高価なおもちゃよりも、子どもの「これで遊びたい」という気持ちを尊重してあげればよいのです。

可能ならば、試しに遊ばせてみたりできるといいですね。**「遊んでみたら楽しくて、家でもやりたいから買う」**というのが一番望ましい順序です。

コツ 8

学習タイプを知れば、遊び相手をしながら成長を加速させられる

さきほどから何度かお話ししているように、**子どもは遊びに夢中になっているときこそ、ありのままの姿を見せてくれます。**

そこには、子どもが興味のあること、子どもの心が向かっている方向がどこにあるかなど、その子を知るヒントがたくさんあります。

さらに、どんな遊びを好むのか、どんな遊び方をするのかを観察することで、その子の持つ才能をうかがい知ることもできます。

「学習タイプ」と一口に言いますが、「視覚情報」「聴覚情報」「身体感覚情報」のいずれをより多くとらえるかは、子どもそれぞれに個性があります。このタイプの違い

が、発揮される才能の違い、伸ばし方の違いにもつながってくるのです。

この学習タイプの観察方法を多くの親御さんにお伝えしたくて、私自身、**『遊びで才能診断』という知育玩具シリーズ**を開発したほどです（詳しくは**遊びで才能診断**の専用サイトをご覧ください）。この玩具の最大の特徴は、「小川式 見守り手帳」を使って、遊びのシーン別観察ポイントがわかることです。

ここでは、その知育玩具**「キャスリング」「かなコロン」**というおもちゃを例に挙げて、学習タイプの観察方法を具体的にご紹介したいと思います。

「キャスリング」は空間認識のゲームで、木製のブロック、サイコロ、カードを使用します。サイコロを振ってブロックでできたお城の形を変えていきます。それぞれのカードにはお城のシルエットが1種類ずつ描かれており、お城の形と手持ちのシルエットカードが一致したらそのカードは達成となります。すべてのカードを最初に達成した人が勝ち、というルールです。

さて、子どもがこのおもちゃでどのように遊ぶのか、その様子を観察していると見事にその子の個性が表れます。

たとえば特定のカードの達成にこだわる子がいます。完璧主義で、納得することを大事にし、集中力がある、といった特性が見て取れます。「聴覚情報」に敏感で、言葉に反応しやすい子です。こういう子の才能をさらに引き出すには、「カードの向きを変えてもいいよ」と、視点を切り替えてあげるといいですね。

いろいろなカードを試そうとする子は、柔軟な考え方ができ、試行錯誤するセンスがある子です。「視覚情報」に反応しやすい傾向があります。こういう子には、ときどき「もう少しだけ考えてみたら?」と促すことで、思考力と記憶力の両方を使えるようになります。

「かなコロン」は言葉作りのゲームで、文字の書かれたサイコロを1人6個ずつランダムに配り、ゲームの親が決めた「動物」「3文字の言葉」などのお題に従って、クロスワードの要領で言葉を作るというものです。3分間の制限時間内に稼いだポイントで勝敗を競います。

たとえば「存在しない言葉」をさも存在しているかのように言う子がいますが、こういう子はリズム感があり、場の雰囲気をつかむことが得意な子です。「身体感覚情報」をとらえるのが得意で、なりきり遊びが好きな子です。こういう子に言葉を教えるときは、雰囲気がわかるように身振り手振りを使うと、記憶に残りやすくなります。

言葉を思いつきたくてまわりに助けを求める子は、好奇心があり、知識欲の強い子です。「聴覚情報」に反応しやすい子ですね。こういう子には、「どんな言葉を見つけたの？」と聞いてあげます。意味がよく似た言葉を一緒に調べて、知識をさらに広げるのもおすすめです。

このような観察の仕方は、どんな遊びでも有効です。「小川式 見守り手帳」からいくつか引用しますので、ぜひお子さんを観察してみましょう。

（1）ゲームの説明を受けているとき

〈手持ちのブロック・サイコロなどで遊び出す子〉

手を動かして学ぶのが好きで、言葉だけで説明されるのはちょっと苦手な子です。

まずは体験させてから説明を受けたほうが理解が深まりやすい子です。

〈説明をじっと聞く子〉

言葉で学ぶのが得意な子で、じっくり考え、納得して次に進んでいく学び方を好みます。「どうやって遊ぶの？」と尋ねて、説明させてあげると記憶の定着が深まります。

〈ブロックやサイコロを見たり触ったりしながら聞く子〉

目で見て考えることが好きな子で、これからどうなるか先の展開を考えることも得意です。言葉で説明するときは、ブロックやサイコロを指さして、「目」で見えやすいように工夫すると、理解が深まります。

（2）自分の番が来たとき

〈黙って考える子〉

完璧主義でイメージを上手に使える子で、短期記憶力が高く、論理的な思考力も伸びやすいタイプです。本人が納得できるまでじっくり待ってあげましょう。ときどき

「どんなことがわかったの？」と聞いてあげると、思考を刺激できます。

〈助けを求める子〉

慎重で、間違いなく行動したいタイプ。共感力が高く、周囲を気遣うことができる子です。安心感が持てると積極性が発揮されやすいので「できたね」「やったね」と一緒に喜んで、自信を育ててあげるのがおすすめです。

〈すぐに自分の番をやろうとする子〉

体を動かすのが好きで、手を動かしながら考えるタイプの子です。積極的で行動力もあります。ひとつのことを完璧に仕上げさせるよりも、まずやらせてみて、本人なりにあれこれと考える時間を与えることで、さらに成長できます。

(3) ほかの人の番のとき

〈黙って見ている子〉

言葉や音に対して敏感で、論理的な思考力が育ちやすいタイプ。集中力が持続しやすい子です。「自分だったらどうする?」と問いかけ、考えるきっかけを作ってあげましょう。ほかの手を考えることで、柔軟な思考力が育ちます。

〈ほかのことをしている子〉

好奇心旺盛で積極的、体を動かすのが好きな子です。こういう子には、「相手は次にどうすると思う?」と予想させてみましょう。思考を組み立てる練習になります。

〈ほかの人のカードなどを見たがる子〉

競争心が高く、積極性のある子。「視覚情報」に敏感なタイプです。思考の回転が速いので、話があちこち飛ぶこともあります。ゆっくりと呼吸をして、落ち着いて立ち止まる練習を取り入れてみると、じっくり深く考える力を伸ばすことができます。

(4)誰かが先に上がったとき

〈勝った人の点数にこだわる子〉

競争が好きで、自分が人からどう評価されるかにこだわる子。得意分野で伸びやすいタイプです。「どうやったの？」と、考えを振り返る手伝いをするのがおすすめです。結果だけでなく思考のプロセスも意識できるようになります。

〈「もう一度やろう」と言い出す子〉

試行錯誤する力のある子。達成意欲が高く、競争心もあります。頑張り屋さんで、自然と才能が磨かれていくタイプです。とにかくどんどんほめて、考えることそのものが楽しめるよう導いてあげるといいですね。

このように「観察」を意識すると、実は親にとって、とてもいいことが待っています。それは、**誰でも自然に「見守れる」ようになること**です。

コツ 9

コンピューターゲームをIT教育に活用する

テレビゲームやオンラインゲームなどのコンピューターゲーム（以下、「ゲーム」）に関しては、２つの軸で考える必要があります。

ひとつは、**「未来への扉」という軸、**もうひとつは**「子どもの健康」という軸**です。ここではまず、未来への扉としてのゲーム、というとらえ方についてお話ししていきます。

今の子どもたちは、生まれたときからスマートフォンやインターネットがあって当たり前の、デジタルネイティブ世代です。社会のＩＴ（Information Technology：情報技術）化、ＡＩ（Artificial Intelligence：人工知能）化はさらに進んでいっています。社会全体が、コンピューターサイエンスなしには成立しなくなっています。

こうした流れの中では、昔の感覚で「ゲーム＝遊び、暇つぶし」という視点だけで理解しようとすると、間違ってしまいます。

今の時代、**ゲームで遊ぶことは、子どもたちがコンピューターサイエンスやITに触れるきっかけになっている**わけです。

たとえば、ゲームを通してプログラミングをよく知っている子は、「この壁、邪魔だな」と思ったら、「プログラムを書き換えたら越えられるのに！」という発想ができます。

ゲームをすることは、メタバース（インターネット上の仮想世界）の概念を理解することにもつながります。実際の生活空間と仮想社会とがつながった世界という概念で、ネット上に自分のアバター（分身）がいて、そこで生活や仕事が行われてマネーが動き、そのマネーが実生活でも使える……といった話です。

ゲーム内でプレイヤー同士が交流できる人気ゲームソフト『あつまれ どうぶつの森』などでは、メタバースの片鱗がすでに動き出しているとも言えます。

仮想と現実の垣根は徐々になくなっていく方向に進んでいますから、こうしたものになじむうえで、ゲームの存在というのは知っておいてもよいと思います。

▼親子で一緒にゲームをやってみよう

ですから、コンピューター、ITに明るい子になってほしいと考えるのであれば、やみくもにゲームを排除するのはやめて、ゲームの力をプラスに活用してみましょう。お子さんがゲームが好きな子なら、**親御さんも一緒にやってみてください。**今のゲームは本当にレベルが高いので、何がどう面白いのかを実際に体感してみることをおすすめします。

ゲーム機を持っていなかったり、ゲームには否定的な意識を持っていたりする親御さんでも、世の中で起きていること、注目を集めているものが何なのかを知るために、情報だけは得ておくといいですね。ゲームクリエイターの方やITの分野で活躍している方の記事などを読んでみてください。

同じ「うちの子にはゲームをさせない」でも、よく知らないままで「させない」と判断するのと、知ったうえで「させない」と判断するのは、だいぶ違います。

わが家の話をしますと、中学生の息子はゲームにあまり興味がないタイプなので、IT分野の知識は親の私が意識的に伝えることを心がけています。

ゲームに興味のない子は、ゲームで遊ぶ子たちにとっては慣れ親しんだ感覚がイメージできなかったりしますから、「好きになるかどうかは別にして、知識としては知っておいてもいいいんじゃないか」という話はたまにしています。

念のため申し上げますと、「ゲームで学べること」イコール「ゲームからしか学べないこと」ではありませんから、ここまでの話を読んで無理にゲームをさせる必要はまったくありません。

これからの時代に必要なのは「強み」を伸ばすことですから、すべてのことをできるようになる必要はないですし、足りないものがあれば、ほかの方法で補えばいいのです。それはゲームだけでなく、外遊びでも、読書でも同じです。

コツ10 ゲームで遊ぶときは、親が時間をコントロールする

自分でコントロールする力がない幼児や低学年のお子さんの健康を守るのは、親の役目です。

前項でゲームのプラスの側面の話をしましたが、「子どもの健康」においては心配になる面があることは確かです。

たとえば、幼児や小学校低学年の子どもが、1日に1時間も2時間もゲームをしていたら、目への刺激が強すぎますし、情報がありすぎて脳への負担も大きいですから、当然、体にはよくありません。

今のパソコンやスマホは、解像度がかなり上がっています。光の量が多い分、それ

だけ刺激が強いということです。昔のブラウン管テレビを30分見るのと、スマホの画面を30分見るのとでは、意味が全然違います。特にスマホやタブレットの場合は、下向きに画面を見るので、姿勢が崩れやすく体への負担はかなりのものになります。

ですから、画面を見ない時間、休息の時間をきちんと取りましょう。お子さんの年齢に応じて、時間をコントロールしてあげてください。

休息を入れるタイミングとして私が目安にしている時間は、左記の通りです。

3〜4歳：15分
5〜7歳（年長さん・小学1年生）：20分
8〜9歳（小学2・3年生）：30分
それ以上の年齢の子どもたち：30〜60分

あくまで目安ですが、これを超えることが常態化しているようでしたら、付き合い方を少し考えてあげてほしいですね。

ゲームに限らず、テレビでもスマホの画面でも、あらゆる「画面もの」に言えることですが、「何分くらいなら許容範囲？」ということで迷ったら、NHKのEテレで、お子さんの年齢の子どもをターゲットにした番組を見てみてください。刺激の面でも集中力の面でもよく考えられて作られていますから、番組1回分の長さが、お子さんが画面を見る長さの参考になります。

▼時間が来てもゲームをやめようとしない子には？

とはいえ、時間を決めておいても、「あと5分！」などと言ってやめようとしないことは往々にして起こりますね。

YouTubeなどの動画もそうですが、やりすぎを防ぐには、始める前に「20分遊んだら、おしまいにしようね」などと、時間や回数を決めておきましょう。

時間が来たら、「そろそろおしまいだよ」と子どもに近づいてから声をかけます。離れたところから声をかけるのではなく、**近づいて話しかけるのがポイント**です。

「もうちょっと」と言うことを聞かなかったとしても、「1回休憩しよう」「また明日にしよう」と、子どもの目を見て伝え、気持ちを落ち着かせてあげます。

ゲームで遊んだ直後は脳や体が興奮している状態ですから、言葉だけでは全然入ってきません。叱られている感じだけが伝わってきて、余計に興奮したり、反発したりしてしまうといったことが起きます。ですから、近づいたり子どもの目を見たり、時には抱きしめてあげたりして、**「体を張って」止めなければならない**のです。

画面を通して受ける脳への刺激はそのくらい強力なので、1、2回くらいではうまくいかないかもしれません。実際、すんなり言うことを聞く子のほうが少ないと思いますが、ここは親として辛抱強く関わる必要のあるところです。

そこでひとつ、子どもへの関わり方の法則を覚えてください。

「笑顔→体温→言葉の法則」です。

子どもに何かを伝えたいときには、まずは親が**笑顔によって安心を見せること**がスタートです。そして背中を撫《な》でる、抱きしめるなどボディタッチをします。**体**

温を通して肌感覚の安心を届けるのです。

ここまで来て、**ようやく親の言葉が子どもの心に届きます。**

言葉で言い聞かせたいときほど、この「笑顔↓体温↓言葉の法則」を思い出してください。

▼ゲームや動画は「親に余裕があるとき」に

そういう意味では、子どもにゲームをさせたり動画を見せたりするときは、親が子どもと関わる余裕のあるタイミングを選ぶことをおすすめします。

親御さんがゲームや動画を子どもに与えるときというのは、忙しくてかまっていられないとき、少し静かにしていてほしいときが多いとは思います。

しかし子どもの健康を考えると、**親に余裕がないときは、できるだけ与えないようにしたい**ものです。お子さんの健康のために、可能な範囲で頑張ってみていただきたいと思います。

「笑顔→体温→言葉の法則」を覚えておく

ゲームや動画をやめてほしいときなど、子どもに何かを伝えたいときは、笑顔と肌感覚で安心感を与えてから言葉を伝えるようにする

コツ 11 YouTubeは親子の会話の道具として活用する

今やYouTubeは子どもでも当たり前のように見ています。
親の立場でまず知っておきたいことは、テレビとどう違うのか、なぜそれが子どもの心をつかんでいるのか、ということです。

それでは、テレビとYouTubeの違いって、何だと思いますか？

私は「手が届く感覚」だろうと考えています。

テレビの向こうのタレントさんは別世界の人に見える一方、YouTubeでは近所にもいそうな雰囲気の人たちが、自分が興味のあるもので遊んでいることが大きいのだと思います。

ですから、YouTubeを見るのは公園で遊ぶのに近い感覚かもしれません。なんとなく公園に行ったら誰か友だちがいて一緒に遊べるというような感覚で、なんとなくYouTubeをつけてみるのだと思います。

昔だったら、近所の友だちが遊び相手になってくれましたが、今はユーチューバーが子どもの遊び相手に加わったのでしょうね。

YouTubeの問題点は、「なんとなく」で気楽に見始められる分、だらだらと見続けてしまいがちなことです。テレビと違ってレコメンド機能がついているので、同じジャンルの動画がどんどん出てきます。それによって、特定の分野の動画ばかり長時間、受動的に見続けることになり、視野が狭くなりやすいという怖さがあります。

そこで、YouTubeの世界にはまりすぎることを防ぐために、**動画についてお子さんに話してもらうこと**をおすすめします。

「今日は何を見たの？」「そのユーチューバーはどんな人なの？」などと聞いてみてください。親子の会話のネタになりますし、お子さんがどんなことに興味があるかを知るきっかけになります。動画の内容を親に話すことで「見たものを人に伝える楽しみ」「楽しいことを誰かと共有する喜び」を子どもに持たせてあげられますし、受け身でだらだらとYouTubeを見てしまう状態から引き離す効果もあります。

▼YouTubeにのめり込んでしまっている子への対処法

「うちの子はもうすでにYouTubeにのめり込んでしまっているんです」という方もいらっしゃるかもしれませんね。

そのような場合は、お子さん自身の意思で動画をストップできるかどうかで対応が分かれます。できるのなら、親子で話し合って視聴時間を決めたり、YouTube以外の楽しみを生活に取り入れたりして、生活リズムを整えていけばいいでしょう。

一方、自分では止められない、いわば中毒状態になっている場合はただ話し合うだけでは解決しません。85ページのゲームと同様**「体を張って止める」**必要があります。スキンシップを増やす、子どものちょっとした努力や取り組みをこまめにほめてあげることで、安心感と自信を渡すように心がけてください。特に、小6、中2はネットゲームへの依存度が高まりやすい傾向が見られます（2020年東京学芸大学調査）。

一足飛びには状況は変わらないと覚悟して、お子さんの成長を見守りながら、「自分で止められるようにしていこうね」と語りかけ、本人の言い分も聞きながら支えていくのが一番健康的だと思います。

▼親目線で見て好ましくない動画を見ているとき

ある程度成長すると、子どもが勝手に検索して見るようになります。その場合、親御さんが「見せたくないな」と思う動画が含まれているケースもあるでしょう。

検索できるようになったら、もう「見せない」という選択は難しいですね。ですから、触れたものと正しく付き合えるように育てるほうが現実的です。見せないようにして守るのではなく、頭ごなしに「見ちゃダメ！」と叱るのでもなく、会話の中で「そういうものはあまり見てほしくない」「そういう考え方には立ってほしくない」と、親としての気持ちを伝えていくことです。**「あなたを信頼したい」という気持ちを届けていきましょう。**

第 章

家庭での学びを見守る

自信

学びの技術

習慣

コツ 12

「聞く力」は「最後まで聞けた経験」を積ませて育てる

子どもが成長していくうえで、人の話から学ぶことはものすごく重要です。話を最後まで聞く力が不足しているために、相手の話の途中でいつも自分が話し出したり、聞くのをやめてしまったりでは、得られるものが減ってしまいます。人とのコミュニケーションの観点からも将来的に心配ですね。

ぜひ**お子さんの「聞く力」を、段階的に育てていってあげましょう。**

ここで「段階的に」と言ったのは、**年齢相応の「聞く力」があるから**です。

たとえば、3歳児に3分間の話を最後まで聞きなさいと言っても、それは無理な話です。10秒、20秒の話でも実はかなりの情報量で、とても子どもの頭には入りきりません。このあたりの子どもの事情を、大人の側はわかっておきたいですね。3歳ならせいぜい5秒くらいです。4歳ぐらいで10秒ひと区切りの話が聞ける程度です。

「聞く力」を育てるには**「最後まで聞けた」という体験を何度も味わわせてあげること**が大切です。そのためには、子どもが聞いていられる長さや情報量をふまえたうえで、次のようなポイントを意識しましょう。

●主語や述語を意識して話す

大人同士の会話は主語を省略しがちですが、子どもからすると、ちんぷんかんぷんです。よくわからない話を聞くのは、大人でも耐えられなくなります。

「それ、そこね！」ではなく「その**ノート、**テーブルの上に**置いといて**」と、主語や述語をはっきりと言うようにしましょう。

●わかったことを子どもに話してもらう

たとえばお父さんが料理をしているときに、材料やその分量がわからなくなったとします。そうしたら、お子さんに「牛肉と豚肉を何グラムずつ使えばいいか、お母さんに聞いてきてくれる?」などと頼んでみましょう。そして、聞いてきたことを報告してもらいます。聞く・覚える・報告するという一連の流れを体験できるので、非常に効果的です。

また、**子どもが話をきちんと聞いてくれたら、「ちゃんと聞いてくれてありがとう」とお礼を言ってあげてください。**

「最後まで聞く」というのはすごくいいことなんだよ、話を聞いてもらえると人は安心するんだよということを、親がお礼を言うことによって伝えるのです。

▼「子どもが話を聞かない」のは、本当に子どものせい?

「聞く力」に関連する相談には、「子どもが全然話を聞いてくれない」というものがよくあります。

私自身も常に自分に問いかけていることであり、親御さんにもちょっと頭に置いてほしいなと思うのは、「自分の都合で聞かせようとしてないかな?」ということです。

特に親子関係においては、「自分の言うことをどうすれば聞かせられるか」という意識に陥りやすいものです。毎日の積み重ねの中で、気がつけばそうなっているのですね。「この子は言っても言っても聞かなくて……」と子どものせいにしたくなるとき、**子どもには子どもなりの都合があるという視点**を少し持つようにしてみてください。「この子が聞こうと思える伝え方ってどんなものかな？」と思えたときは、意外にすんなり聞いてくれるものです。

とはいえ現代生活は忙しいですから、いつもいつも子どもの都合ばかり考えていられませんよね。そんなことができたらお釈迦様もびっくりです（笑）。ですから、親の都合で「いいから言うことを聞いて」「言われた通り動いて」と急かしたくなるときはそれでOKです。

そのうえで、今は少し余裕があるなというときには、伝え方を工夫したり、伝えたことを理解できたか尋ねてあげたりしてみましょう。

何でも完璧を目指す必要はありません。可能な範囲で少しずつ試していけば大丈夫ですよ。

コツ 13
「読む力」を育てるには読み聞かせが効果抜群

「聞く力」と並んで、**「読む力」も学びにおいて大切な力**です。本や新聞、インターネットもしかりで、情報の多くは「読む」ことによって取り入れるものだからです。

「聞く」ことで「読める」言葉が増え、「読む」ことで「聞こえる」内容が広がります。外国語の学習を思い起こしていただければ、この表裏一体の関係はわかりやすいと思います。

母語の場合は、印字されたものを読むより前に、子どもたちはお母さん、お父さんの声をずっと聞き続けていますから、慣れ親しんだ親の声で読み聞かせしてもらえると、言葉の獲得もすんなりと進みます。

聞き慣れた声を耳にしながら目で文字を追えば、子どもの頭の中で言葉と文字がつながっていきます。聞くときと同じで、子どもが一度にキャッチできる情報量には限りがありますから、**スラスラ読むよりも、しっかり区切りをつけて読む**のがコツです。70年代後半から90年代前半ごろに幼少期を過ごした親御さんなら、アニメ『まんが日本昔ばなし』のナレーションの感じで、と言うとイメージしやすいかもしれません。

ひと区切りごとの言葉の意味がわかれば、場面が頭の中でイメージでき、理解が進みます。文字を読んで理解できる楽しさや喜びに気づく体験が、読む力を育んでくれます。

慣れてきたら、読み聞かせをお子さんにしてもらったり、「お母さんはここまで読むから、次のページからはあなたの番ね」と、交互に読んだりするのもおすすめです。

子どもが読んでくれているときは、こちらは「ふんふん」とうなずいたり、「へえ、そうなんだ」と驚いたりして、一緒に楽しむのがいいですね。

子どもがわからなそうにしていたら「これって、こういうことじゃない？」「これは『あんず』って読むんだよ」と、軽く助け舟を。教えるというよりも、**同じ文章を挟んでおしゃべりするイメージを持つのがコツ**です。

▼「読む力」がつくと知識量が増える

「読む力」がつくと、言葉の理解が進むだけでなく、知識の量が自然と増えていきます。社会における人物模様や心の動き、ニュースになるような世の中の事件などを文章から知ることで「理解できる世界」が増えるのです。

すると当然、「理解できる世界」について書かれた文章は読みやすくなりますから、読める文章がさらに増えていきます。

それだけでなく、初めての文章も理解しやすくなります。「これは意地悪な人が最後にこらしめられるパターンのお話だな」などと、それまでの知識から推測ができるからです。**知識量が多い子どもは、自分と外の世界を結びつける引き出しをたくさん持っている**ので、初めての文章への適応力も高まるのです。

▼「読む力」は「読む」以外の方法でも伸ばせる

「読む力」を育てるコツのひとつに、「読んだ話を思い出すきっかけ作り」があります。「先週読んだあの話、覚えてる？」「ほら、ピノキオのぬいぐるみ！　この前、図書館で『ピノキオ』読んだよね？」などと声をかけることで、最近読んだお話を思い出させてあげるのです。記憶を呼び起こすことで文章知識としての定着度が上がるので、次に出会う文章への適応力も高まります。

同じ理屈で、家族の会話、テレビのドキュメンタリー、理科や社会の学習を通して自分を取り巻く世界のさまざまな知識を得ていくことも、読む力につながっています。

つまり、**「読む力」というのは、読むことによってのみ成長するわけではない**のです。

ですから、「うちの子は本にも読み聞かせにも興味がないから、読む力をつけるのは難しそうだ」とあきらめなくて大丈夫です。

じっと座っているより体を動かすのが好きな子は、特に小学校低学年ぐらいまではあまり本を読みたがりません。でも、だから読めるようにならないのかというと、そうでもありません。

自分で本を開いて目で文字を追って読むことが少なかったとしても、昔話を聞かせてあげるような要領で（演ずるように）お話をしてあげると、食いつくことがあります。面白さが「体感」できるからです。そういう「読書」体験を重ねていると、本人の体が成長して、座っていられる力が育つにつれて、自分でも本を読むようになり、本を好きになっていくということはよくあります。

小さいときから自分で本を開かないと「読む力」が伸びないというのは思い込みです。**その子に合った渡し方をすることで、その子なりの「読む力」を伸ばしていけばいい**のです。

読み聞かせで「読む力」を育める

自分で本を開かなくても、読み聞かせなどで「読む力」は身につけられる。しっかり区切りをつけながら読むのがコツ

コツ 14 「覚える力」は遊びと親子の会話で育てる

「覚える力」に関して、「成長すれば普通に（自動的に）覚えられるようになる」という誤解をしている親御さんが非常に多くいらっしゃいます。

こういう勘違いがあるため、「うちの子は記憶力が弱いんです」「覚えようとしません」と、子どもに原因があるような言い方をされることが少なくありません。

大切なことですが、**「覚える力」は生まれつきのものではなく、大人たちの適切な関わりで育てていく力**だということを頭に置いておきましょう。覚えることが苦手なままで小学校高学年、中学生になっている子はものすごくたくさんいますが、彼らはみな「覚える力を育ててもらえなかった」子たちです。

もちろんある程度は、生まれ持った特性として記憶の得意、不得意はあります。ですが、生まれつきの特性よりも、育ち方のほうが大きいのです。

「覚える力は育ち方が大きい」と言われて、「え、親が頑張れってこと?」と身構えた方もいらっしゃるかもしれません。そこは安心してください。子ども同士で遊んでいるだけでも、記憶力を使うシーンは案外たくさんあるのです。

たとえばかくれんぼなら、「あの子は昨日あのベンチの後ろに隠れていたから、今日もそこにいそうだな」と考えるとき、すでに記憶力を使っています。

カードゲームもそうです。相手が出したカードを覚えて戦略を練ったりします。神経衰弱などはまさしく記憶力がものを言うゲームですね。

ブロックを完成図に従って組み立てているときも、手元にある作成途中のものと、記憶の中の完成イメージを比べています。

つまり、**いろいろな遊びをする中で、子どもたちは記憶力を使っている**のです。

また、会話をするときにも記憶力を使います。親子で去年の夏休みに行った旅行の話をしたり、先週あった面白い出来事の話をしたりするには、記憶力が必要です。

脳の中の記憶を一時的に置いておく場所をワーキングメモリーと言いますが、**遊びや親子の会話、（もちろん）勉強など、ワーキングメモリーを使う機会を数多く持つほどに、記憶力の土台が育っていきます。**

▼与えられたものをこなすだけでは記憶力が育たない

一方、幼いときから習い事や勉強などを頑張らせてきたはずなのに、「うちの子は記憶力が弱いんです」と悩む親御さんは少なくありません。なぜそんなことが起きるのかというと、与えることに偏っていて、「覚える回路」を十分に使わせてあげなかったためです。

やるべきことがすべてお膳立てされていたり、親子で外出してもあとでそのときのことを思い出すような会話がなかったりすると、子どもは「覚える」ということの必要性を感じなくなります。「与えられたものをこなすだけ」の状態です。

幼いころに「ただ反応するだけ」「ただ眺めるだけ」という体験を重ねると、子どもは覚える回路の使い方がわからないまま成長してしまいかねません。ところが親のほうは、あれやこれやと取り組ませているので、「覚える力も育っている**はず**」と思い込んで、問題に気づくのが遅れるのですね。

ですから、**お子さんが記憶力の育つ生活を送れているかどうかは一度点検したほうがいい**でしょう。さらに大切なことは、「覚え方のコツ」を幼少期から徐々に教えていってあげるということです。一時的に覚える力（ワーキングメモリーを使う力）に加え、「覚え方」を知ることで、使える記憶へと導けます。

▼「覚え方のコツ」とは？

ところで「覚えた」と言えるのはどういう状態なのかご存じですか？
実は記憶には3つのステップがあるのです。

①「記銘」（覚える）……今見たもの聞いたものを自分の頭の中に取り込むこと

②「保持」（覚えている）……取り込んだものを頭の中に留めておくこと
③「想起」（思い出せる）……保持していた記憶を必要なときに取り出せること

暗記が苦手な子の多くは、①だけを行って「覚えた！」と言います。しかし、刺激を取り込んだだけでは、少し時間が経てばその情報はすぐに消えてしまいます。これが「覚えたはずなのに……」のメカニズムです。②→③と進めて初めて「使える記憶」に至るのですね。

②「保持」するために有効なのは「繰り返す」ことです。消えてしまう前に復習して、脳に刻むことが大切。その日のうちに、3日後に、1週間後に、3週間後に、といったサイクルでこまめに見返すようにすると、効率よく刻み込めます。

そして、③「想起」すること。思い出す機会を意識的に持つことで、頭の中に刻み込んだ記憶を素早く取り出せるようにします。ここまで来ると、「問題を見たらすぐに答えを思い出せる」状態となり、「あの子は記憶力がいいね」と言われるわけです。

つまり、**暗記・記憶というのは、振り返って思い出す作業とワンセット**だということです。これが「覚え方のコツ」です。「よく覚えている人」というのは、「よく記憶を引っ張り出そうとしている人」なのです。

余談ですが、「覚える」ことに関して、親御さんたちに気をつけていただきたいフレーズがあります。「考える力を育てるためには、暗記に**偏るのは**よくない」というフレーズです。

このフレーズ自体は正しいのですが、テレビを中心とした**メディアは、「偏る」の部分を省略したがります。**聞き手を煽《あお》って耳目《じもく》を集めるために、「考える力を育てるには暗記をやめなさい」と言い換えるのです。「偏る」を外した瞬間、大間違いの内容へと変貌しています。こんな煽りフレーズをメディアが多用した結果、暗記をすればするほど考える力が育たなくなると勘違いしている大人が驚くほど増えてしまいました。

そもそも知識がなければ、考えることもできません。この本をお読みの賢明なみなさんは、こういう煽りフレーズに翻弄されないよう、気をつけてください。

何かを覚えるときの3つのステップ

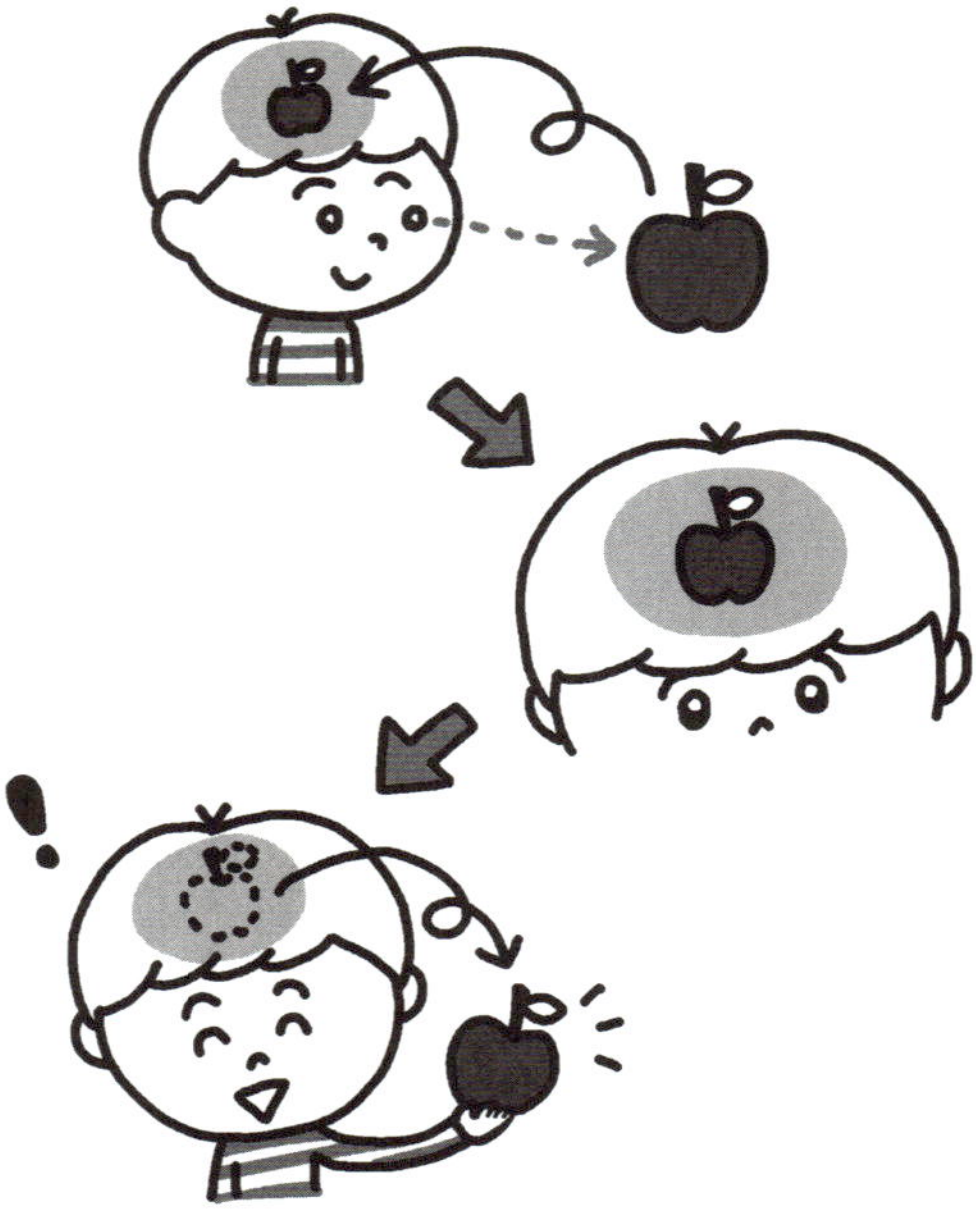

記憶には、①「記銘」②「保持」③「想起」のステップがあり、子どもは大人との関わりの中で「覚える力」を育てていく

コツ15 「調べる力」は「わかってよかった」の経験を積ませて伸ばす

「自分で学べる子」に育つうえで必要不可欠の力、それは「調べる力」です。

知りたいことやわからないことがあったとき、**自分で調べたり、人に質問したりできる力を育てることで、親が手をかけすぎなくても、自ら学べる子に育っていきます。**


子どもの事情を言えば、わからないことがあっても、その次にどうしたらいいかがわからないのです。そのときに口にするのが「別にいい」です（笑）。

ですから、大人としては「わからないことがあったら、調べるとわかるよ。一緒に見てみようか」などと声をかけ、わからないことがわかるようになる手段として「調べる」という技術があることを、早いうちに教えてあげることが重要です。

▼本を活用する

何かを調べたいときには辞書・図鑑・地図・インターネットなどをよく使うと思いますが、「本」も調べるときのツールであることは知っておいたほうがよいでしょう。「その分野について知りたかったら、有名な人が書いた本を何冊か読んでみるとわかるかもね」などと、本を読むことでわかることがある、ということは教えていきたいものです。

本に関して言えば、**図書館や書店は、それ自体が「大きな辞典」です。**最近は調べものをインターネット検索で済ませてしまう人が多いのですが、図書館や書店で本を眺めて歩くと、書籍の題名が思いがけない視点や情報を教えてくれることがあります。そうして目に留まった本を開いてみると、求めていた知識や知恵と出会えた、ということがよくあります。

大手コンサルティング会社マッキンゼー・アンド・カンパニーで活躍する知人も、調べ事、考え事をするときは必ず書店に足を運ぶと言います。こうした知恵を大人も持っておくと、子どもにも伝えてあげられますね。

▼人で調べる

親、祖父母、先生、きょうだい、友だちなど、いろいろな人がいて、いろいろな得意分野がありますから、人に話を聞くことも調べる手段の重要なひとつです。

大人は「この子、質問しないんですよ」と言いがちですが、**質問するには技術と勇気がいるということ**を理解してあげてください。質問慣れしていない子は、「聞きに行って答えてもらえなかったらどうしよう」「どう聞いたらいいのかわからない」といった不安があって、一歩が踏み出せないのです。

ですから、最初は質問のお膳立てをしてあげてください。本人がわからない様子、困っている様子を示したら、「どこで困っているの?」と声をかけ、何がわかればよさそうかを親の側でつかむようにします。そして、**「先生に、『〇〇〇のところで……まではわかったんだけれど、～～からわかりません。教えてください』って聞いてきてごらん」と、質問のシナリオを渡してあげる**のです。

「質問ができた！」という経験を積み、やり方がわかってくると、自分から人に質問して調べられるようになります。

▼調べさせようとしても乗ってこない子にはどうする？

子どもに「調べてみたら？」と言うと、「じゃあ、いい」と返事されることがあります。「今聞いたのだから、今答えを知りたい」ときです。こんな場合は、**答えを渡して「そっか」とすっきりさせてから、「今の話はここに載ってるよ」と調べ方を渡す**のがおすすめ。

「今知りたいモード」は気分的なものなので、まずは答えを与えて感情を満足させてあげ、それから調べるという理性的な働きへと導くのです。

調べることは苦痛なことだ、との刷り込みにも要注意です。

「調べたことをノートに書き写しなさい」とか「調べたことを覚えなさい」などと大人が強制することで起きる刷り込みです。お子さんが「面倒くさい」と口にするとき、「また苦痛を味わうのは嫌だ」と意思表示しているのかもしれません。

「調べる力」は、子どもが知的好奇心を持ったときに自らそれを広げていくためのものです。**「何かを調べさせて知識を増やさせる」というスタンスではなく、「学ぶことの喜びをふくらませてあげる」**という視点に立って、「調べる」力を育ててあげるといいですね。

コツ16

失敗をポジティブなものと感じさせる

自分で学べる力というのは、かなりの部分を「失敗から学べる力」が占めています。

❖あれできないぞ？→どうしてだろう？　点検しよう、考えよう、質問しよう。
❖あれ知らないぞ？→なんだろう？　調べよう、覚えよう。
❖あれわからないぞ？→質問しよう、調べよう、もう一度考えよう。

うまくいかない、わからない、と気づくことによって、学びの機会が生まれてくるからです。失敗して、それに気づくことが「成長」につながるのです。

しかし子どもは、基本的にうまくいくとわかっていることしかやりたがりません。うまくいかなそうなことを怖がったり避けたりしがちです。ですから親としては**「間違ったり、失敗したり、うまくいかなかったりすることって、すごくいいことなんだよ」**という思いを、子どもにぜひ伝えていきたいものです。

このメッセージは子どもに言い聞かせるというより、親自身が失敗したときに「間違えちゃった、チャーンス！」といった受け止め方をすること、その様子を子どもに見せることで、自然と受け継がれていきます。

ですが、今の親御さんの多くは、ご自身が「間違いたくない、失敗したくない」という思いを持っていらっしゃるようです。特に女性にその傾向が強い印象です。

これも仕方がないことで、親世代の女性の多くは、長所をどんどん伸ばしてもらうよりも、できるだけ人に迷惑をかけず、人と違うことをせず、「ちゃんとしなさい」と言われて育ってきた方が多いからです。「失敗はよくないこと」と刷り込まれてきた世代なのです。

ですから、お子さんに「失敗から学べる力」を授けるには、まずは親御さん自身が、**「失敗を怖がっている自分」に気づくことが大切**です。自覚できていれば、いざお子さんがうまくいかなかったときも、感情に振り回されすぎず、「そこから学べば大丈夫だよ」と落ち着いて声かけできるようになっていきます。

▼「できていること」がたくさんあるから、失敗が目立つ

そもそも**なぜ子どもの間違いや失敗が目につくかというと、それだけ「できていること」が多いからです。**

「できること」が増えると、その分だけまた「できないこと」「わからないこと」が見つかります。親も見つけてしまいますが、子どもも見つけます。

時には、「あんなに頑張ったのに、まだできないことがある。じゃあやっても意味なーい!!」と受け取ることもあります。

「できないことがまた見つかったっていうのは、成長した証拠なんだよ」と、

教えておいてあげるといいですね。

親御さんが間違いや失敗をポジティブにとらえても、お子さん自身が怖がってなかなか先に進めないときは、伝え方を工夫してみましょう。

「確かに、失敗するのは嫌だよね。嫌だという気持ちはとても自然なことだと思うよ。でもお母さん（お父さん）は、あなたが今回うまくいかなかったことを、次につなげる力を持っているって知っているよ。大丈夫」と。

失敗は嫌な気持ちになって当然、と受け止めたうえで、それでも大丈夫と声をかけ、応援してあげてください。

失敗こそ
成長のチャンス

「できること」が多いからこそ、失敗は目立つ。「できないこと」が出てきたら、成長するチャンスだとポジティブに考える

コツ17 ノートの使い方を親子で話し合う

記憶に残したり振り返ったりするとき、メモやノートはとても重要です。

ですが、ノートの使い方は意外と習う機会がありません。

ですから**ノートの活用法を子どもと話し合っておく**と、後々、強力な武器になります。

人間の脳は非常に優秀で、長期記憶に格納された情報は長期間にわたって保持されます。ですが、コツ14「覚える力」（104ページ）でもお話しした通り、その記憶は引っ張り出そうとしないと使うことができません。「覚えたはずなのに出てこない」というのは、記憶が消えたのではなく、記憶をしまった場所がわからなくなっているだけなのです。
ですから、そういった脳の特性を考えると、**記憶を引っ張り出すきっかけをいかに作るか**というのがコツになります。そのために重要なのが、メモやノートなのです。

長期記憶には、**「エピソード記憶」**と**「意味記憶」**があります。前者は、時間や場所・感情などを伴った体験の記憶のことです。一言で言えば「思い出」ですね。一方後者は、意識的に覚えようと努力した結果、記憶に定着するものです。いわゆる「知識」です。

そして**学習効率を高めるコツは「エピソード記憶」をうまく活用すること**です。たとえば家族で温泉旅行をしたとしましょう。旅行後に、机に向かって「いつどこに行って、何を食べましたか？」と家族で復習したり……しませんよね？（笑）
でも、何年も経ってから、テレビで旅先の風景が映った瞬間に「ここ行ったよね〜」とすぐに記憶が蘇ってくるといったことは、誰しも経験があると思います。これがエピソード記憶の優れたところで、そのときの場面全体をストーリーとして記憶しているので、思い出すきっかけがあると、記憶全体を思い出すことができるのです。

同様に、**授業の場面や自分が勉強したときのシーンも、**脳はエピソードとして記憶してくれています。ただ思い出すきっかけがないから、そのままにしておくと忘れてしまうんですよね。

ですから、ノートは習ったことや板書のすべてを書くよりも、**あとで見たときに思い出すきっかけとなるよう、ポイントを書き留めることが大切**です。

たとえば社会の授業で「日本の国土面積は約37・8万平方キロメートルです」と先生が言ったとします。これをそのままノートに書かなくても「日本、国土、37・8万平方キロ」でよいのです。授業中に**先生の表情や口調にも注意を寄せていれば、**「森林、$\frac{2}{3}$、川」というメモから、「日本の国土面積の3分の2が森林で、山が多いことから川は短くて流れが急だという特徴がある」という先生の話も思い出せるようになります。

小学校に上がって板書を写すことが徐々に増えてくるタイミングで、このようなノートの取り方・使い方について、家庭で話し合っておくとよいでしょう。

子どもは「書いたから安心」でノートを閉じてしまいがちですが、どんなノートでも、**書いた直後にまず見返す**のがコツです。ちらっとでもその場で見ることで記憶が一度引き出されます。さらに帰宅後もう一度見直せば記憶の定着度が上がります。**「ノートを書いたら見返そうね」**という声かけは、習慣になるまで続けたいですね。

▼成績が上がる子のノートの使い方

コツコツと成績を上げていく子のノートの特徴は、問題を解いて気づいたことのメモをそこに残したり、板書を写すときも自分が「覚えないとまずい」と思ったところにグリグリッと丸をつけたりしていることです。そして、気になったときに「確かあそこに書いてあったな」とノートをパッと開き、「あ、これこれ」と見返しているのです。「ノートを使えている」のですね。このような子は、すぐ引き出せる記憶が増えていくので、最初は苦手だった教科でも、成績を着々と上げていきます。

コツ18

朝学習をするなら単純作業を中心にする

大人の世界でも「朝活（朝の時間を活用して勉強や趣味を充実させること）」は定期的にブームとなりますが、子どもの世界でも朝の使い方は関心の高い話題です。朝読書、朝学習など、早起きして勉強することにはよいイメージがありますね。

朝学習が推奨される理由には、次のようなことが挙げられます。

- 1日のリズムを作りやすい。
- 睡眠で脳がリフレッシュしているので、学習効果を上げやすい。

これに加えて、早寝・早起きをして朝から勉強している子どもは優秀、という世間一般のイメージも影響しているように思います。

子どもの学習面に有効な点があるというのは事実ですが、現代の子育てにおいては**むしろ朝学習に執着しないという心構えも大切です。**朝からすぐに活動できるタイプの子ばかりではありませんし、共働き家庭の場合はどうしても夜型生活になりがちで、お子さんの生活サイクルを朝型に持っていくのは負担が大きいからです。

そんな心構えを持ったうえで、朝学習でおすすめするとしたら、脳を活性化できるような単純作業です。5～10分でできるものがいいですね。手軽にできる計算練習や漢字の勉強、言葉の学習などが向いています。

●計算練習：簡単なものから複雑なものへ

親が付き合ってあげられるなら、口頭で「13×7は？」などと年齢に合った問題を出し、子どもが暗算で答えるようにすると、脳の目覚めに効果的です。**口頭でやり取りする**のがポイント。同じく頭を起こすという視点で、計算ドリルで比較的楽な問題のページに取り組み、そのあとに少し歯ごたえのあるページに移るという勉強法もよいでしょう。数字が2つだけの単純計算をしたあとで数字が3つ4つ出てくる計算に移るとか、たし算・ひき算をやったあとにかけ算に移るようなイメージです。

朝学習に限った話ではありませんが、**計算練習は「正確さ」から「スピード」へステップアップするのが鉄則**です。制限時間を設けたとしても、まずは確実に正解できることを優先します。5分間で10問取り組むとして、「10問全部終わらなくてもいいから、解いたものは丸がつくように頑張ろうね」と声かけします。

もし時間切れになったら、少し時間を追加して続きをやってもいいですし、解けたところまでで終えても構いません。計算が確実にでき始めたら、「明日は10秒短くしてやってみよう」などと、段階的にスピードを上げていきます。正確に、速く、の順番がポイントです。

●漢字練習：量よりも学習テーマを意識する

漢字学習も「何個書いたか」を目的にすると、作業をこなすだけになってしまい、せっかくの朝学習が生きません。**その時間で何を学ぶのかテーマを決める**とよいでしょう。まずは「字の形を正確に覚える」、次に「音読みと訓読みを意識して、その漢字が表す意味を理解する」、そして「その漢字を使った熟語を調べて言葉の知識を増やす」といった具合に漢字学習をステップアップさせていくといいですね。

●小学生新聞：読み込むよりも情報と出会うツールに

子ども向け新聞を購読しているご家庭では、朝学習に新聞を読むのもいいですね。読み込んで知識を仕入れるというよりは、お子さんが情報に出会い、世の中の出来事を少し身近に感じるためのものとしてとらえましょう。大人が新聞を全ページ読むわけではないように、**「読みたいところだけ読む」スタンスで付き合えばOK。**たとえマンガしか読まなかったとしても、それはそれで構いません。ふと別の記事に目が留まって読む日が来ます。

朝学習は「何をどれだけやったか」ということよりも、**習慣やリズムを作る**ほうに価値があります。あまりハードルを上げず、気楽に取り組みましょう。

コツ 19 心おきなく「○○博士」になってもらう

好きなことがあるのはいいことですが、同じジャンルのものばかりに夢中になっていると、それはそれで心配になる親御さんが少なくないようです。

「昆虫ばかり見ているので、それ以外のことにも興味を持ってほしいのですが」といったようなご相談を受けることもよくあります。

親として気になる気持ちもわかりますが、どんなテーマであれ、「自分はこれが好きで、すごく詳しい」と「自分の世界」を持つことは、充実感や達成感、「自分にはこれがある」という自信につながります。**「○○博士」になるのは、とてもいい状態**なのです。

ですから私は、親御さんたちに、「もっと学校の勉強につながることに興味を持ってほしい」という「下心」はちょっと抑えていただいて、お子さんの博士っぷりを見守るようおすすめしています。

殺し文句は、「ポケモン博士は勉強も得意になれるんですよ」です(笑)。

特定の分野について調べたり、理解したり、覚えたりして深掘りできる子は、いずれその力を別の分野にも応用していけます。**マニアックであることは学びにおいて必ず役立ちます。**

なぜなら、目の前の物事の表面をサラッとなぞるだけなら、何も考えず、努力もせずに、眺めるだけでもできるわけです。

ですが、細かいことを知ろうと思ったら、本を開いたり、ネット検索をしたり、人に聞いてみたりなど、能動的に動かないと情報が入ってきません。つまり、**細かいことを知ろうとすることとイコール「勉強している」ということ**なのです。

▼「広く浅く」タイプの子でも心配いらない

博士タイプとは逆に、「広く浅く興味を持つ子」の親御さんからは、深掘りしないことを心配する相談が寄せられることがあります。

結論から言えば、こちらのタイプの子も問題ありません。

さまざまな事柄を知っておくと、成長する中で、興味のある分野は必ず見つかります。そういう分野に出会ったら、深掘りすればいいだけだからです。

「広く・浅く」から始まって特定の分野を深めていくのでも、「狭く・深く」から始まってだんだん興味の幅が広がっていくのでも、どちらでもいいのです。

ですから、お子さんのタイプに合った関わり方をしてあげましょう。

「狭く・深く」の子には、好きな分野に没頭して満足できたあとに、「昆虫の研究から作られた繊維があるんだって」などと、視野を少し広げてあげる。「広く・浅く」の子が何か気になったら「ちょっと調べてみる?」と促してあげる。

子ども自身が心地よいと感じる方法で学びを広げ深めてあげるのがコツです。

「○○博士」は学びの役に立つ

マニアックであることは今後の学びに役立つ。子ども自身の興味を尊重するなど、その子に合った関わり方をすることが大切

コツ20 「なんでだろうね」を口ぐせにする

子どもを賢い子に育てたいなら、知識を教え込むよりも効果的なことがあります。

❖「なんでだろうね」
❖「このあとどうなりそうかな」

こうしたフレーズを家族が口にする習慣を持つことです。**「なんでだろう？」と思うことで、お子さんは自然と頭のいい子に育ちます。**

「知ってる・知らない」で終わると、学びはそこで止まります。大事なことは、「それ知ってる、でもなんでそうなっているんだろう?」と一歩踏み込むかどうかです。

親御さんが日頃から「なぜだろう?」「どうなるんだろう?」と問いを口にするご家庭では、お子さんが頭を使う機会が自然と増えるのですね。

「なんでだろうね」を考えることは「因果関係」、つまり原因や理由を探ることです。

たとえば「夕日ってなんで赤いの?」と子どもに質問されて調べた結果、「光は赤や青や緑、いろんな色に分解できて、その中では赤が一番遠くに届きやすい。空気中には水蒸気やほこりのような障害物があって光の波長を邪魔するから、夕日は青や緑ではなく、一番遠くまで届く赤い色に見える」ということがわかったとします。「光の波長として赤が遠くに届きやすいから赤く見える」——まさに科学ですよね。

このようないかにも科学的な話題に限らず、「なんで今日の晩ごはんも、サンマなの?」「今は旬だからおいしいし安いのよ」「へぇ、旬って安くなるんだ、なんで?」といった会話でもいいわけです。科学的思考とは原因や理由を考えることですから、子どもの「なんで？ なんで？」の問いは、それ自体がもう、科学的思考なのです。

こんな視点を持つと、子どもの質問攻撃も、ちょっとワクワクしてきませんか？

「このあとどうなりそうかな」という問いかけは、応用力を育みます。「今ある材料からそのあとどうなるかを考える」というのは、つまり応用するということだからです。

たとえば、AI技術について。ニュースで「AIの技術進歩によって通行ゲートの顔識別も瞬時に完了できるようになりました」と流れたら、「AIの進歩はすごいね、これからどうなっていくんだろうね？」と問いかけてみます。今後の展開をお子さんと一緒に想像してみるのですね。

「監視カメラも高性能になるから、犯罪が減るのかな？」

「でも映画みたいに変装のマスクをかぶったらばれないいんじゃないの」

「そんな映画みたいにはいかないいんじゃないいかなぁ」

「なんで？　きっと3Dプリンターで簡単に作れるよ！」

「そっか、そうすると何が本当かわからなくなってきそうだね」

といった話が、関心のままに広がると思います。


このように、「どういうことが起きるだろうね」とか「どうなるのかな」と想像してみることは、**答えのない問題に対して、自分なりの考えを持とうとする力の土台を育んでくれます。**

ほかにも、「物語の続きを勝手に作る」という遊びもおすすめです。


たとえば『桃太郎』なら、元々の物語は「鬼退治をして、村に帰ってきました。めでたし、めでたし」で終わりますね。そこから、「このあと、桃太郎はどうしたんだろうね？」と考えてみるのです。

「鬼の子たちがかわいそうになって、財宝を返しに行った！」

「おじいさんが怠け者になって、おばあさんに怒られた！」

などと、なかなか盛り上がりますから、ぜひやってみてください。

コツ21 学びを止めるNGワードを使わない

子どもは自分の心が動いたことをきっかけに、学ぶ力を日々育てているわけですが、親御さんが悪気なく、学びを止める「NGワード」を発しているときがあります。

ここではよくあるNGワードをご紹介します。もし心当たりのワードがあれば、**使う回数を減らしていけるように**ちょっと意識してみてください。

●NGワード1「さあ、知らない」

子どもに「これ、なあに？」と聞かれて「さあ、知らない」。「知らないことは聞かないで」というような答え方をしている親御さんがけっこういらっしゃいます。おそらく、「子どもに何か聞かれたら正解を教えなくてはいけない」と思うあまり、知らないことは答えられないという気持ちから、突き放してしまうのでしょうね。

でもね、必ずしも親御さんが正解を教えなくてもいいんです。「知っている、知らない」ではなく、大事なのは、知るまでのプロセスです。「さあ、知らない」の代わりに、**「お父さんも知らないから、一緒に調べようか」「わかんないなぁ。じゃあ、一緒に本を読んでみようか」**などと、次につながる言葉を選んでみてください。

大人同士でも「あれ何かな？」と口にしたとき、「さあ、知らない」としか返さない人と、「確かに、何だろうね。不思議だよね」と返事をしてくれる人、どちらと付き合いたいかといえば、後者ですよね？　私が前者の返し方をされたら、確実にショボン……となってしまいます。

●NGワード2「いいから早くしなさい」

せっかく子どもが興味を持っていることがあるのに、親の都合で、親が考えるスケジュール通りに子どもを動かそうとする言葉です。たとえば、遊んでいる子どもに宿題をさせたいとき、まだ名残惜しそうな子どもに向けて発したりするのが典型的なシーンですね。似たようなＮＧワードに「そんなことといいからこっちをしなさい」というものもあります。

これらの言葉には2つの問題があります。

ひとつは、「今あなたが興味を持ったことは、どうでもいいことなのだ」というメッセージを伝えることになってしまい、子どもの心の動きを止めてしまうこと。

もうひとつは、「早くしなさい」と親が用意したメニューを与えることで、自ら取り組む意欲を失わせてしまうことです。

子ども自身の気持ちが向いていないときに無理にたきつけてもうまくいきません。

ゆったりとした予定を組むなどして親御さんが気持ちに余裕が持てるようにすると、これらのＮＧワードをあまり使わずに済むので、工夫してみてください。

●ＮＧワード3「どうでもいい」「意味がない」「何の役に立つの？」

お子さんが低学年くらいまでの間は特に、これらの言葉は極力使わないようにしましょう。大人から見たら「そんなもの何の役に立つの？」と感じることでも、子どもにとっては自分の内面を広げるのにとても大切なことであったりするわけです。

知り合いのお子さんに、昆虫が大好きな子がいました。1日中、虫かごの前にいて、虫の絵をものすごく精緻《せいち》に描くのです。お母さんは「そんなことより算数のドリルでもやってほしい」とぼやいていましたが、私は「6歳であの観察力はすごいから、絶対見守ってあげたほうがいい」と伝えました。

その後、その子は学年が上がるにつれて、理科も算数も好きな科目になりましたし、国語でも言葉の使い分けが上手になっていきました。虫の観察で伸ばしていった観察力、つまり細部をよく見る力がここで生きたのです。

子どもの関心事はあとで何につながるかわかりません。大人の基準で「どうでもいい」「意味がない」「何の役に立つの?」とジャッジする発想はやめましょう。「役に立つかどうか」の思考で学びに触れさせていると、「これはテストに出ないからやらない」という発言につながっていきます。**目先の利益にとらわれると、大事なものを見失います。**

第4章 集団生活での学びを見守る

自信

学びの技術

習慣

コツ 22

友だちの話から成長のヒントを得る

家庭の中で子どもの成長を見守ることはもちろん大切ですが、子ども自身が集団の中で成長していくことも大切です。その中で親としてどういう手助けができるかについて、この章ではお話ししていきたいと思います。

さて、お子さんから、お友だちの話を聞かせてもらうことはよくあると思います。

「○○ちゃんがね、パズルが大好きで、ぴったりのピースを見つけるのも得意なの。今学童で一緒に、1000ピースのパズルに挑戦中なんだ」

「○○くんは走るのがすごく速いよ。鬼ごっこで全然つかまらないもん」

こういう話には、お子さんの成長のヒントがたくさん詰まっていますから、ぜひ楽しく聞いてあげてほしいなと思います。

子どもは大人からさまざまなことを教えられて育ちますが、**それ以上に、友だちから学んで育ちます。**

自分と似たような存在なので、友だちがしていることには興味を持ちやすく、「自分もやってみようかな」という気になりやすいのです。

子どもがよく「○○ちゃんがやってるから、私もやりたい」と言うのは、単に流されているのではなくて、自分もやっているイメージがわきやすいからなのです。

ですからまず、子どもは友だちからさまざまなことを学んでいるという視点を、親御さんが持っておくといいですね。

友だちの話が出たら、大人が一歩踏み込んで質問してみると、友だちからの学びをさらに深めることができます。

「○○ちゃんは、どんな子なの?」「○○くんは、どんなところが面白いの?」などと、尋ねてみましょう。

お子さんの話から、わが子とその友だちとの間に、何か似たところがあることに気づくかもしれません。そうしたら、「パズルが好きなのは、あなたと似ているね」などと共通点を意識させてあげましょう。人は、自分と似た人のことを好きになりやすいですし、共通点を見つけると安心します。

▼友だちとの「違い」は学びのチャンス

逆に「ここが違うね」という気づきもあるかもしれません。

違いに出会うことは素敵なチャンスです。子どもの成長を考える際には、**相違点を意識すること**がとても大切だからです。

違いを見つけたときは、「○○くんは、どうやってそんなに走るのが速くなったんだろう?」などと、理由を一緒に考えるような問いかけがいいですね。

お子さんなりに何か理由を考えて言ってくれるかもしれませんし、もし親御さんがその子のことをご存じなら、「小さいときから体操教室に行ってるんだって」とか、「お父さんと毎朝走ってるって聞いたよ」などと追加情報も話してあげられます。すると、**友だちの「できる」「すごい」には必ず「理由」がある**ことや、**同じようにやってみたら自分にもできるかもしれない**といった気づきに、つながっていきます。

子どもは友だちの「すごい」に対し「その子は元々できるもん」と思っていることがよくあります（大人にも、何でも「生まれつき」で片づけてしまう人はいますね）。

親が「きっとこんな頑張りをしてるんじゃない？」などと言っても、「そんなことしてないよ」と謎の自信で否定されることも。そういうときは「じゃあ、どういうふうにしてるか今度教えてもらったら？」と促してみましょう。友だちに教えてもらうと、驚くほど素直に受け入れますし、自分もやってみようという思いにもつながりやすいものです。

子ども同士の学び合いは、大人が思っているよりずっと豊かなものです。ぜひ、友だちの話を聞いてあげてください。

コツ23 どんなときにほめる先生か、子どもに聞いてみる

集団生活、特に小学校における先生は、子どもにとって、とても大きな存在です。どんな先生に出会うかは子どもの日常生活にも成長にも大きな影響を及ぼすのですが、**「うちの子の先生はどういう人なのか」**を把握するのも簡単ではありませんね。

ここでは、先生の人柄、価値観をどう理解するかについてお話ししたいと思います。

▼どんなときにほめ、どんなときに叱るのかで先生のことがわかる

先生を知るコツは、先生が**「どんなときにほめるのか」「どんなときに叱るのか」**を子どもに尋ねることです。ほめ方叱り方には先生の価値観や大事にしている

こと、性格タイプが表れています。あくまで目安ですが、「ほめるポイント」別の先生タイプを次に挙げますので参考にしてみてください。

- **点数など目に見える「成果」をほめる→「勝ち負け」「結果」を重視する。**
- **よく発言する子をほめる→わかりやすい積極性を好む。**
- **文字の丁寧さなど小さな変化をほめる→見えない努力を汲み取ってくれる。**
- **教えられた通りにできるとほめる→（心の底に）支配欲求がある。**
- **その子らしさを言葉にしてほめる→一人ひとりの特性を見つめ受け止めようとしている。**

ここで大事なことは、「そういうほめ方をするんだ。ということは、今の先生はこんなタイプなのかな？」と、**親が先生のことを思い描く、先生の気持ちになってみる**ということです。先生を理解することで「チーム」を築いていけるからです。

さらに先生を理解するアプローチとして、叱り方や注意の仕方から、先生のメンタルの安定度を汲み取ることもおすすめです。

●感情的になり大声で叱る

過度のストレスやノルマで、自信・余裕を失っていそうです。

●冷たい、淡々とした口調で叱る

先生という仕事を義務的にやっていて、子どもと心の交流ができていなかったり、仕事を楽しめていなかったりするかもしれません。本人の信念と置かれた環境との板挟みになっていて、心を殺さないと自分を保てないのかもしれません。

●落ち着いて説明しながら叱る

クラスがよく見えていて、一人ひとりに目が行き届いている様子が感じられます。

●温かな口調で叱る

生徒が理解するまで待とうという辛抱強さと心の安定が感じられます。

もし、理不尽なことで子どもが叱られて傷ついたら、先生を責めたくなることもあるでしょう。でも、先生のメンタルを漠然とでも把握できていたら、納得はしなくとも、なぜそのような叱り方をするに至ったかの理解は少し進みます。

特に小学校低学年の子どもは（そして親自身も）、先生も一人の人間で、余裕がないこと、困ることだってあるという発想や想像力がなかなか働きません。

親が先生の状態を汲み取っておくと、「こういうことだったのかもね」とお子さんに理性的に説明できますから、子どもの心の傷を軽くすることができます。

ここで注意したいのは、**「先生も余裕がなかったんだから、許してあげようね」と、子どもを我慢させるような言い方はしない**ことです。

「先生が叱ったことは間違いだよね、それであなたも嫌な思いをしたよね。あなたは悪くないよ。ただ、先生も困っていることがあるのかもしれないね」と、子どもが嫌な気持ちになったことはきちんと「認める」「受け止める」ようにします。

先生のメンタルにも配慮はしつつ、第一優先はもちろんわが子の気持ちを受け止めること、というバランス感覚を親として持つようにしたいですね。

コツ 24

個人面談は先生を助けるつもりで参加する

小学校では個人面談がありますが、何を聞いたらいいか戸惑う親御さんも少なくありません。私がおすすめしたいのは、**先生に何か困っていることがないか、親の側で手伝えることがないか**を聞くようなつもりで参加することです。

これには、今の先生は何でも「与える側」に回らされて、親に協力を求めづらいという背景があります。うっかり親に相談をしたりすると、「指導力がない先生」というレッテルを貼られて、地域によっては教育委員会のマイナス評価を受けかねません。頑張りすぎてメンタルを崩す先生が続出していることは、この国の社会課題です。

ですから、「先生を助けたい」という親側のスタンスを伝えることで、**先生にいい**

意味で力を抜いてもらうという視点も大切だと思うのです。

そのうえで、面談では家庭の方針をさりげなく伝えておくといいですね。先生がどういうタイプの人かにもよるのですが、たとえば親が「子どもの意思を尊重したい」と思っていても、先生がクラス運営優先で協調性ばかりを重視するタイプだったりすると、家庭の方針とクラスの方針が合わないこともあるわけです。

このようなズレを感じたときは、先生が考えるクラスの方針を聞いたうえで、「うちではどんなことに気をつけるといいですか？」「あの子にもう少し頑張らせたほうがいいことは何ですか？」という尋ね方をすると、先生に歩み寄りやすくなります。

その際のポイントは、**伝え方**です。「うちはこういう方針なんです」とだけ伝えてしまうと、こちらにその意図はなくても、不満をぶつけていると受け取られかねません。時に「承りました」と、先生が過剰に合わせてくれるような状況も起こり得ます。

ですから、**「わが家の方針はこうなんです」と「先生のクラスのまとめ方もあるでしょうから、何に気をつけたらいいでしょう？」というのはセットに**

して伝えます。そうすると、先生と保護者が**力を合わせて一緒にやっていく**という状況が作りやすくなります。

▼クレーマー扱いされない相談の仕方

面談で先生に相談したいことがあるのに「クレーマーだと思われたくないから、何も言わないでおく」という声をよく聞きます。これも言い方ひとつです。「○○で困ってるんです」という相談の仕方だと「要求」に聞こえやすいので、ちょっと工夫して、次のようなフレーズをつけ加えてみましょう。

❖「親としてもできることを知りたいので、教えてほしいのですが」
❖「先生のほうで何かお気づきのことはありませんか？」

すると、先生と建設的な会話が行いやすくなります。

たとえば「子どもが『算数の授業がわからない』と言うことが多い。どうしたらいいか」ということを相談したかったとします。これをそのまま伝えてしまうと、教え方が悪いと責められているのだろうかと先生に受け取られたり、もしくはそう取らせてしまうのではないかと親御さんが心配して遠慮してしまったりするわけです。

こういうときこそ、さきほどのフレーズの出番です。

「親としてできることを知りたいので教えてほしいのですが、うちの子、習ったはずのことをよくわかっていないことが多いんです。先生のほうで何かお気づきのことはありませんか？」などという伝え方をすると、先生も考えを話しやすいですし、自分を振り返るゆとりも生まれます。

ちなみに、このテクニックは、小学校だけでなく、塾の面談にも活用できます。

「子どもの成長のために、先生といいチームを作る」。先生と話すときは、そういう気持ちで臨むといいですね。

「先生にしてもらう」ばかりではなく、「私たちが先生を手助けする」という視点を持つと、「親⇕先生⇕学校」という連携が生まれやすいですよ。

コツ 25

「ルール」「同調圧力」との付き合い方を心得る

「その子らしさ」や「得意なこと」、つまり「個性」を伸ばすことは、自分の強みを発揮するうえで、とても大切なことです。

ですが、この「個性を伸ばす」ということは、集団の中で摩擦《まさつ》が起きる可能性を常にはらんでいます。

人は人と関わらなければ生きていけませんから、個性は大切にしつつも、社会の一員でありたいわけです。

そうしたときに親御さんが自分なりの考えを持っておきたいことが2つあります。

ひとつは、**ルール**について。ルールが何のために存在し、どういうふうに付き合えばよいかを知っておくことです。

もうひとつは、**同調圧力**の存在です。それに抗《あらが》うという意味ではなく、同調圧力の中で自分らしさを守るにはどうすればいいかを知っておくということです。

何でもかんでもルールで縛ったら個性は発揮できなくなりますが、共同生活でのトラブルを回避するため、また健康や命を守るためにはルールが必要です。

子どもが「なんでこんなルールがあるんだろう」と不満をもらしたら、なぜそのルールがあるのか、**ルールの目的について親子で話し合って**みましょう。

たとえば、お子さんが、意見をハキハキと言えて、授業中も手を挙げるより先に思ったことを口に出す子だとします。

でも先生は、手を挙げていない子は当ててくれません。するとお子さんが、「先生が私の話を聞いてくれない」と不満をもらし始めました。さあ、どうしましょう？

こういうときこそルールについて話し合うチャンスです。「先生はきっと、いろんな子が意見を言えて、ほかの人がその意見を聞けるようにしたくて、『手を挙げて当てられた人が意見を言う』っていうルールを作っているんじゃないかな。だったら、当てられた子の意見を最後まで聞くのも大事なことだよね。自分が当てられたら、あなたの意見を話せばいいし、当たらなくてもあなたの意見がなくなるわけじゃないからね」などと、ルールの「目的」を考えながら、話してあげましょう。

あなたが自分の考えを持っていることをお母さんも、お父さんも、先生もちゃんとわかっているからね、という思いも一緒に伝えるといいですね。

このように丁寧に説明することで**子どもは安心でき、ルールを守りつつ、自分の個性も大切にするすべを少しずつ理解していく**ことができます。

▼同調圧力とは無理に戦おうとしない

「みんなと同じでないといけない」

「違う意見を言うと面倒なことになる」

日本社会には、こういう「同調圧力」が蔓延《まんえん》しています。陰湿ないじめ文化も、死亡原因に占める自殺の割合の高さも、この同調圧力が大きく影響しています。

では、子どもの個性を育むうえで**同調圧力とどう付き合うか。私は「どうでもいい」と受け流す心を養う**ことが大切だと考えています。**抗うのではなく、受け流す**のです。

大人の世界でも、「声の大きい人に合わせる」「目立たないようにする」「周囲の人が興味のあることに関心のあるふりをする」なんてことは、日常茶飯事ですね。大人の世界で横行していることは、そのまま子どもの世界でも起こります。そのとき、子どもにだけ「あなたは自分の意見をしっかり言いなさい。強くありなさい」などと求めるのは酷ですよね。日本の同調圧力はそんな生易しいものじゃない。

親としてできることは、悲しいことだけれど、私たちの社会には苛烈な同調圧力があることを認識し、**子どもがつぶされないように守ること**です。

もし子どもが「みんなはこうしてるんだけど……（ゴニョゴニョ）」という言い方をしたら、「あなたは本当はどうしたいの？」と、本当の気持ちを引き出してあげましょう。子どもの思いを聞かせてもらったら、「それでいいんじゃないの？」と認め、「自分は自分でいいんだ」と感じさせてあげることです。

そのうえで「目立ちたくないから、今回はいいや」などと言うなら、それはそれでよしとして、学校以外の場所で自分らしさや個性を出せばいいよと、提案する方法もあります。同調圧力の受け流し方の工夫は、親御さんが手助けしてあげたいところです。

それはたとえば、小学校や中学校の部活動には入らず、民間のクラブに入るといった方法もありますし、本やアニメ、映画などのフィクションの世界で、同調圧力に屈しない主人公に自分を投影させるという方法もあると思います。

日本社会の同調圧力は、まだまだ消え去らないでしょう。

子どもの本音を、親である私たちだけは聞いてあげよう、守ってあげようという気持ちで、**子どもが自分らしくいられるように工夫してあげるのがいい**ですね。

「同調圧力」から子どもを守る

「同調圧力」を受け流す心を養うことが大切。親にできるのは、自分の子どもがその子らしくいられるように、工夫して接すること

コツ 26

「思ったことを言ってみる」練習をする

幼児期から小学校低学年くらいにかけて、少しずつ友だちとの関わり合いが増えていきます。遠巻きに眺めていて、「あれ、この子、大丈夫かな？」という親御さんの不安が出てくるのも、この時期です。

よく聞くお悩みには「ほかの子のおもちゃを取ってしまう」「友だち同士の遊びの輪に入れない」といったものがあります。

こういうとき、親御さんは「『貸してね』って言ってごらん」「一緒に遊びたいならそう言えばいいんだよ」などと教え諭そうとすることが多いのですが、**「思ったことを言ってごらん」というのは、ほとんどの子どもにとって非常に難易度が高い**ということを、大人は少し知っておいたほうがいいでしょう。

この時期の子どもは語彙が不十分で、自分の気持ちを伝える言葉をまだ多くは持っていません。「寂しいな」とか「みんな遊んでていいな」というふわっとした気持ちは持っているのですが、その気持ちに名前がついていないのです。

そのため「言ってごらん」と言われても、「別にいい」とか「わかんない」という言葉が出てきます。どう言えばいいかわからないので、あきらめてしまうのです。

親は「このまま大きくなったらどうしよう」というあせりから、つい叱ったり言い聞かせたりしがちなのですが、子どもを責めるのはかわいそうな話です。

「言葉にするのが難しいんだな」とわかってあげていただきたいと思います。

ではどうすればいいか。**子どもが感じていることを言葉に置き換えられるよう、場面を想定して一緒に練習する**のです。

▼ほかの子のおもちゃを取ってしまう子

たとえば、誰かのおもちゃを取ったり、つい手が出てしまったりするようなことがあったら、あとで「ちょっと、あのときのこと思い出してみようよ」と言ってみます。

「あのとき、本当はどんな気持ちだった?」

「○○くんのミニカーを取っちゃったけど、あのミニカーを見たとき、どう思ってたのかな。かっこいいと思った? 一緒に遊びたいと思った? どれだったと思う?」

こんなふうに、言葉の選択肢を親が渡しながら語りかけます。すると、「一緒に走らせたかった」「持ちたかった」など、自分なりの気持ちを言いやすくなります。

それが言えたら、「じゃあ、今度は、『一緒にやらせて』って、言えるかな?」「『ぼくにも触らせて』なら、言えそう?」と、次につなげる語りかけをしていきます。

ごっこ遊びの要領で練習してみるのもおすすめです。

親:(ミニカーを手に取って)「お母さんが○○くんになるね。車で遊ぼうっと」

子:「……(何も言わず、母親のミニカーを取ろうと手を伸ばす)」

親：「あれあれ、ちょっと待って。何か言ってみようよ」
子：「……貸して」
親：「いいよ！　そしたら、その赤い車、ぼくにも貸してくれる？」
子：「うん。はい、どうぞ」
親：「楽しいいね！　こんなふうにできたらいいね」

このように、**友だちと一緒に遊べるまでをシミュレーションしてみる**のです。

▼遊びの輪に入れない子

「遊びの輪に入れない」つまり「言い出せない」ことを心配する親御さんも多いですね。こういう子も言葉にできないだけで、思いは十分に持っています。

完璧主義だったり、きれい好きだったりという特徴のある子は、「間違えたくない」「目立ちたくない」という気持ちが強く、仲間の輪に入ったりすることに緊張しがちです。

こういう子には「どう言えばいいかな？」と聞くとかえって緊張が増すので、「こんなふうに言ってみたら？」と、**親のほうから声のかけ方の例を示す**のがコツです。

「みんながわーっと大騒ぎしてるときに大きな声を出すのが苦手だったら、ちょっと声が小さくなったときに近寄っていって『まぜて！』って言えばいいんだよ」

「『何してるの？　私にも教えて』っていう言い方もあるよ」

このように場面に応じた言い方の例を教えてあげたら、あとはさきほどの「おもちゃを取ってしまう子」と同じです。実際の場面を想定して練習してみましょう。

慎重でかつ頭のいい子は、「もしそれで入れてくれなかったらどうするの？」と聞いてくることがあります。そのときは「うまくいかなかったときは、また別の作戦があるから大丈夫だよ！」と言って、「大丈夫」という気持ちを渡し、安心させてあげてください。

それによって、お子さんが勇気を出して気持ちを言うことができ、遊びに参加できたら「すごいじゃない！　できたね！」とほめましょう。こうして少しずつ、思ったことを言う練習をさせてあげます。

親の立場としては、ほかの子とまじって遊ぼうとしない、自分の気持ちを言い出さないわが子を見ると不安になるかもしれませんが、心配することはありません。あとでお子さんと二人になったときに話を聞いてあげて、「今度はこうしようね」という会話を積み重ねていけば、**その経験は本人の中に残ります。**

おもちゃを取ってしまう子も、友だちの輪に入れない子も、自分の気持ちを言えるようになるタイミングは必ず来ます。親の気持ちが先走って「今日もできなかったね」などと「裁いてしまう言葉」を口にするのは、くれぐれも避けてください。

コツ 27

子どもの「休みたい」を受け止める

園や学校、習い事もそうですが、子どもが「休みたい」と言うと、多くの親御さんは不安になってあせってしまうようですね。「このまま不登校になるのではないか」「何でも途中で投げ出す子になるのではないか」、こういったご相談をよく受けます。

こういうとき、「何事も続けるべきだ」とか「簡単に投げ出すべきじゃない」などと、とにかく頑張らせようとするご家庭がありますが、**子育てにおける「べき論」はたいていの場合、危険です。**

子どもが「休みたい」と言ったときに親がすることは、「休みたい」「いや、休むな」と押し問答をすることではなく、子どもの気持ちを受け止めて、**今その子に何が起**

きているのかを寄り添い、想像してみることです。


クラスでトラブルがあったのかもしれません。

出された課題ができなくて、嫌になったのかもしれません。

プールや発表に気が進まないのかもしれません。

体が疲れている、という理由もわりとよくあります。

そして、小学生の場合は「理由はないけど休みたい」ということもあります。ずっと頑張ってきて気分的に疲れていたり、忙しすぎて少しボーっとしたくなったりするのです。


こういうときに大事なのは、「学校には行くべきだ」と「べき論」を振りかざすことではなく、**「そういうこともあるよね」と共感してあげること**です。

特に真面目な子は、「学校に行きたくない自分はダメな子だ」と思って、自分で自分を責めてさらに苦しくなります。「そういうこともあるよね」「少し休んで元気になったらまた行こうか」などと心に寄り添って、安心を渡すことが大切です。

私自身のまわりでもよく見かけるシーンですが、親御さんが「まあ休みたいときもあるよね」という受け答えをするようになると、お子さんが「……やっぱり行く」と、いやにあっさり解決するなんてこともあります。

▼「理由なく休む→不登校、引きこもり」にはならない

よく、「一度休むとサボりぐせがつくのでは……」と心配する親御さんがいますが、**そうやって休んだからといってサボりぐせに直結することはない**ということは、はっきりと言えます。

ましてや、不登校や引きこもりにつながることも、そうそうありません。

逃げたいときは逃げたらいいのです。逆上がりができないから笑われたくないとか、みんなで合唱するのが嫌だとか、「嫌なことを回避したいから逃げる」というのは重要なことです。

というのは、**苦痛からいったん逃げることで理性の力を発揮できるように**

なるからです。家で少し練習してから行けばいいやと考えられたり、「逆上がりができなくたって困らないよ、お母さんもできないし」という親の言葉を受け取れたりします。

「逃げる＝あきらめる」ではありません。いったん距離を置いてどうするかを考えるための「体勢を整える時間」という理解の仕方を知っておくといいですね。

そういう選択肢もあると伝えたうえで、「大丈夫だよ」「少し休んでもまた戻れるよ」という言葉や気持ちを、お子さんに届けてください。

休むことで「サボりぐせがついた」というような状態になってしまうのは、**休んだことが原因ではなく、「ダメだったね」と評価されてしまった（自分でしてしまった）ことが原因**です。「お前はダメなやつだなあ」とか「そんなことで休んでたら将来どうするの」など、「休む」ことに対してダメ出しをする大人がいると、深く傷が残り、少しストレスを感じたらもう立て直しが利かないようになるのです。

不登校や引きこもりの原因を一概に言うことはできませんが、ひとつ言えるのは

「いつだって戻れるよ」「大丈夫だよ」ということを言ってもらえなかった、もしくは自分でそう思えなかった子どもは、普段の生活サイクルに戻るきっかけを失って戻れなくなってしまう、ということです。

ですから「明日は必ず行きなさい」ではなく、「休んで元気になったら行けばいいんじゃない？」くらいに言ってあげること、わが子の自ら立ち上がる力を信じて、待ってあげることが大切です。

▼仕事があって休めない親はどうしたらいい？

ここまで読んで、「そうは言っても、わが家は夫婦共働きだから、そうそう休ませてはあげられないのだけれど……」と感じられた方も多いと思います。

切実ですよね。そうした状況の場合、一番大切なことは**親だけで頑張らない**ということです。

もし頼れる祖父母がいるなら、子守りを頼みましょう。どんどん頼りましょう。

子どもの安全面は十分に考えたうえで、近所の方や地域の子育てサークル、塾や習い事の先生、ベビーシッターなど、外部のサポートも頼りましょう。子どもの成長の見守りには、「学校・家庭・地域の三位一体」の力が大事です。こういうときこそ「地域」の力を借りて、「家庭」でカバーできない部分を補えばいいのです。

どうしても頼るところがないときは、子どもに親の事情を伝えてみましょう。

「休みたい気持ちはわかったし**そうさせてあげたいんだけど、**今日と明日、お母さんはどうしても仕事を休めないんだ。あなたを家に一人というのも心配だから、今日は学校に行ってくれない？　その代わり、明後日は休んで大丈夫だよ。それでどう？」

こんなふうに相談してみると、子どもは「自分の気持ちを受け止めてもらえた」と感じるので「じゃあ、今日は行ってみる」と勇気を出してくれることもあります。

小学校2、3年生以上で、普段から留守番の習慣が少しはある子なら、親が早退できる日には、1時間に1回電話で様子を尋ねるなど安全面・防犯面に十分配慮したうえで、家で一人で過ごさせてもいいと思います。

コツ 28

「友だち100人」いなくて大丈夫

「友だちが少なくて大丈夫だろうか」と心配する親御さんはけっこういらっしゃいます。「うちの子はいつも同じ子とばかり遊んでいるのですが、もっといろいろな子と交わったほうがいいですよね」などと相談を受けることがあります。

私たち親世代は「友だち100人できるかな♪」のCMソングと「世界に広げよう友だちのワッ!」で育っていますから、友だちの数が気になりやすいのですよね。

でも、大丈夫です。たくさんの友だちとにぎやかに遊ぶのが好きな子もいれば、限られた仲間と深く付き合うのが心地いい子、そもそもそんなに友だちに思い入れがない子といろいろいますが、**どのタイプの子も、将来困るようなことはありません。**

幼児から小学生くらいまでは特に、「心（ハート）」「技（知能）」「体（体力）」の育ち方にばらつきがあります。

体はどんどん育つ一方で心の成長はゆっくりの子もいますし、背は全然伸びないけれど口は達者な子もいます。勉強はすごくできるけれど共感力が低く、まわりのことが見えていない子もいます。この時期の子どもというのはそういうものです。

心・技・体のバランスは中学、高校と成長していく中で整っていくものですし、もっと言えば、大人になっても偏っている人のほうが多いわけです。そういった中での友だち関係ですから、子どものタイプによって当然いろいろあっていいわけです。

なぜ友だちが大事かというと、ひとつには友だちと付き合うことによって、人の気持ちを理解する、人のことを考えられるようになるということがあります。そしてもうひとつ、自分一人でいても自分のことはなかなか理解できませんが、率直に気持ちをぶつけ合える仲間がいることで、自分を発見できるということもあります。

こういうコミュニケーションに友だちの意味があるわけですから、**友だちの「数」はそれほど重要ではないのです。**

親子の笑顔が増える「スモールステップの法則」

わからないことがあったときに「調べてみたら？」と言っても、「どうすればいいの？」と戸惑う子もいます。こういうときは「調べる」という作業を分解し、細かいステップに分けてあげましょう。

そもそもどうやって調べたらいいのか見当がついていない子には、「図鑑を見てみるといいよ」と、調べるためのツールを教えてあげます。

どの図鑑を手に取ったらいいのかわからない子には、「花のことを調べるなら、『植物』の図鑑を持っておいで」と言えば、どんな図鑑を選べばいいかわかります。

載っているページが見つけられず困っているようなら、「目次を見れば、花の種類とページが書いてあるよ」と、知りたい情報を探し出すためのヒントを与えます。「散歩中に見つけた花だから、『公園や道ばたの花』っていう見出しのページを見てみたらどう？」。

「パラパラめくってみたら？」などと言ってもいいですね。

大人は簡単に「調べてみたら？」と言いますが、この「調べる」を分解してみると、いくつものステップが含まれていることがわかります。子どもにとってはサイズが大きすぎる言葉なのです。

何がわかっていないのかを観察して適切な手助けをすることで「学びの技術」を与えることができ、「ここまでは自分でできたんだね、よかったね」と、子どもをほめる機会も増やせます。

第5章

健康を見守る

自信

学びの技術

習慣

コツ 29 子どもの健康こそ、夫婦でコンセンサスを取る

私が見る限り、子どもの健康を熟知しているのは、圧倒的にお母さんたちのほうです。子どものかかりつけの小児科を知らない、母子手帳すら開いたことがないというお父さんも、少なくないのではないでしょうか。

もし心当たりがあるようでしたら、今からでもぜひ、**子どもの健康に関して夫婦で価値観をしっかり共有しておく**ことをおすすめします。

というのも、夫婦で「子どもの健康面における希望到達点」にズレがあると、子育てが苦しくなってしまうからです。

たとえばアレルギーのある子どもがいたとして、母親は季節によって体調にムラがあるわが子の特性を理解していても、父親がよくわかっておらず「元気がないからもっと運動させよう」と言い出したりすることがあります。

好き嫌いの多い子どもに対し、母親はその子なりのメニューや量を考えて食事を出していても、しっかり食べさせたい父親が「野菜が少ないんじゃないか」と言い出したりすることもあります。

健康面において理想とする到達点が異なることで、特にお母さんたちがしんどい思いをすることは、決して少なくないのです。

▼健康面の先回りは学習面の先回りにつながる

この本でなぜ「子どもの健康」の話をさせていただくかというと、**健康についての価値観がズレていると、後々「見守る子育て」がしづらくなってしまう**からです。

夫婦でコンセンサスが取れていないと、片方の親（たいていの場合は母親）が口出ししてくる側（たいていの場合は父親＆義理親）の言葉や顔色をうかがうようになってしまい、子どもの健康に気を遣ってあれこれ先回りすることが増えてしまいます。そうすると、子どもが成長したときに、健康面だけでなく学習面でもあれこれ手をかけすぎるという思考回路にはまりやすいのです。

健康に関することは命に関わる場合もありますから、感情的になりやすい問題です。夫婦でコンセンサスが取れていないと、いざというときに夫婦が互いを責め合うことにつながりがちです。

「ひざが痛いと言っているけれど、今すごく背が伸びているから、成長痛かもしれない」「春先は夕方になるとだるくなるみたい」などといった、**子どもの健康面の「ちょっとしたこと」を、折に触れて夫婦で話し合っておく**と、少々のことでオロオロせずに、穏やかな気持ちで子どもを見守れるようになります。

子どもの健康については夫婦で価値観を合わせておく

子どもの健康面についての価値観を夫婦で共有しておくことで、後々「見守る子育て」がしやすくなる

コツ 30

明日の起床時間を決めてから寝る

睡眠についての質問は学年が上がるほど多くなり、「何時くらいに起きたらいいですか」「普通は何時くらいに寝るものなんですか」とよく聞かれます。

「子どもは早寝早起きが望ましい」という思いがある一方、親も子もなにかと忙しい毎日で時間に追われていることが背景にあるようです。

しかし、多くの子どもたちの様子を見聞きし、また医学的な知識に触れて私が出した結論は、**「『普通』という発想をやめましょう」**ということです。

なぜなら、体のことというのは本当に人それぞれだからです。低血圧気味の子もいれば、偏頭痛持ちの子もいます。目覚めたらすぐに動き出せる子もいれば、起きてから20、30分グダグダしないと動き出せない子もいます。これらは体質的なものも関係するので、まずはお子さんを観察し、**わが子にとって無理のない生活リズムはどんなものかを理解する**ところから入るのが大事です。

目が覚めてすぐに動ける子なら、とにかく起きる時間を決めて起こすというのがひとつの手です。目覚めがいいタイプの子は調整しやすいので、早く起こして夜早めに眠くなるように導くと、朝型生活に変えやすいでしょう。

一方で、目が覚めてから動き出すのに時間がかかるタイプの子は、強制的に起こしても一日中ずっとだるくて、結局翌朝もうまくいかないということもよくあります。

特定のスタイルにこだわらず、お子さんに合わせて柔軟に対応しましょう。

コツ18（125ページ）でお話しした「朝学習」が気になる親御さんもいらっしゃるかと思いますが、体質的に朝が苦手でエンジンのかからない子にあれこれ言っても逆効果です。もちろん学校に間に合うようには起きたほうがいいですが、「朝学習」には向かないでしょうね。だとしたら、朝ではなく、夕方以降で頑張ればいいわけです。

▼起床時間をイメージしてから寝ると朝起きられる

寝る前に「明日は7時に起きるぞ」などと決めてから就寝することも、意外と大事です。朝起きられない原因には、「翌朝起きること」が本人の中で予定に入っていないこともあるのです。

ですから体質面では問題がないはずなのに、どうにも朝起きられない子には、寝る前に「明日何時に起きるの？」と予定を聞いてあげましょう。

「起きてから何する予定？　わかった、じゃあ7時になったら声かけるけど、自分で起きるんだよ」というような会話をして、「わかった、7時に起きる」という言葉を引き出せたら、時間通りに目が覚める可能性が高まります。

脳のイメージ力は絶大で、「7時に起きる」というイメージがあると、そういうふうに体を整えてくれるのです。

いきなりはうまくいかなくても、続けることでできるようになります。

子どもが遠足の日に早起きできるのは、起きるイメージがあるからです。

それを日常生活に取り入れればよいのです。

▼なかなか寝ない子の心理とは？

朝起きられない子は、そもそも寝る時間が遅いことも多いですね。

なかなか寝られないのには子どもなりの事情がありますから、その事情を知ることで対処できるようになります。

大人でも、気になることがあって眠れなくなることがありますが、子どもも同じで、未完了で気になることがあると、一日を終わらせたくないという心理になります。そういうときは、**「明日の朝やれば大丈夫だから」**とか**「それはまた週末にやればいいよ」**などと声をかけることによって踏ん切りをつけさせ、寝かせてあげます。

また、今日一日、不完全燃焼であまり面白くなかったという気持ちがあったりすると、もったいないような気がして寝られない、という場合もあります。そういうときは**今日の出来事について軽くおしゃべりして、一日を総括する**ことで、子どもが安心して眠りにつけるということもあります。

コツ 31

うがい・手洗い・歯みがきは親も一緒にする

うがい・手洗い・歯みがきは、なぜか子どもが嫌がったり、していないのに「した」と言い張ったりするなど、手を焼いているご家庭も多いようですが、鉄則は、**「口で言ってやらせようとせずに一緒にやってあげる」**ことです。

「歯みがきした？　早くしなさい」ではなく、「さあ、歯をみがきに行こう」と一緒に行きます。たとえ自分は歯みがきを終えていたとしても、もう1回行って一緒にするのです。

85ページでご紹介した**「笑顔→体温→言葉の法則」**が、ここでも生きてくるわけです。

衛生管理の知識も伝えていきましょう。親御さんたちは「やらないと病気になるよ」とか「虫歯になっても知らないからね」など、脅すような言い方をついしてしまいがちですが、これでは逆効果です。

「うがい・手洗いをすると元気でいられるよ」

「歯みがきを続けると食べ物がおいしく食べられるよ」

「歯をきれいにみがけていると、ほかの人から見て気持ちがいいんだよ」

こんなふうに**ポジティブな言い方で伝える**ことが大切です。

歯みがきに関して言うと、感覚が敏感な子の場合、歯みがき粉や歯ブラシが気持ち悪い、痛いといったこともあります。歯ブラシのサイズを変えてみたり、刺激の少ないタイプの歯みがき粉を使うなど、心地よい方法を一緒に探してみてください。

最後に、大事なことをひとつ思い出してください。

習慣化のポイントは「当たり前をほめる」でしたね（35ページ原則③の項目参照）。うがい・手洗い・歯みがきは、大人からするとあまりにも当たり前すぎて忘れがちですが、**お子さんが実行できたら「ほめる」**ようにしてください。毎日ですよ。

コツ 32

食べ物の好き嫌いは気長に構える

食べ物の好き嫌いについても、健康面や心身の成長によくない影響があるのではないかと、本当に多くの親御さんが悩んでいらっしゃいます。

結論から言うと**「『18歳くらいまで』を視野に入れて、子どもの好き嫌いを見守る」**、これくらいの鷹揚《おうよう》さがあっていいと思っています。

▼少しくらい偏食があっても子どもは育つ

「好き嫌いなく食べてほしい」というのは、**「健康で強い体を育んでほしい」という親心**ですね。好き嫌いが多いことで「栄養が足りなくなるのではないか」という心配の声もよく聞きますが、今この本を手に取ってくださっている方のご家庭であれば、お子さんへの愛情も食環境も十分だと思います。学校給食も充実しています。少しくらい偏食があっても、栄養が足りなくなるという心配は、ほぼないでしょう。

メディアで「頭がよくなる食材」といった特集が組まれることもあるので、好き嫌いによって学力が伸びないのではと不安になる気持ちもわかりますが、偏食だから学力が低くなるということはありません。

むしろ**私の感覚では、進学校のお子さんほど偏食の子が多い**印象を持っているくらいです。気づく力、観察する力が強い分、食べ物の味やにおいが気になってしまうのかもしれません。

▼「食べなくて大丈夫な子」もいる

成長するうちに今まで食べられなかったものが食べられるようになったりもしますし、**体質によっては「食べたくない、食べなくていい」という子もいる**ので、そういうところは知っておいたほうがよいと思います。「好き嫌いがある子＝わがまな子」ではありません。

ただし、好き嫌いや体質のせいで食べられないのと、「パンが食べたかったのに、ごはんだから食べない」といった単なるわがままは別ですから、そこは注意が必要です。

また、食べ物があることへの感謝、食材の生産者や料理を作ってくれた人への「ありがとう」の気持ちは、親として教えておきたいことですね。

苦手だとしても、食べ物を無駄にしてはいけないということは、その都度伝えていくべきだと思います。

1日3食すべてを完璧にしようなどとは考えず、少し長めのスパンで、子どもの食を見守る視点を持ちましょう。体が成長したり、栄養の知識が増えれば、今まで食べられなかった食材が、少しずつ食べられるようになることもよくあります。

好き嫌いや偏食は気長に構えて、18歳くらいまでに整えばよし、くらいの気持ちで付き合っていってください。

食べ物の好き嫌いは気長に構える

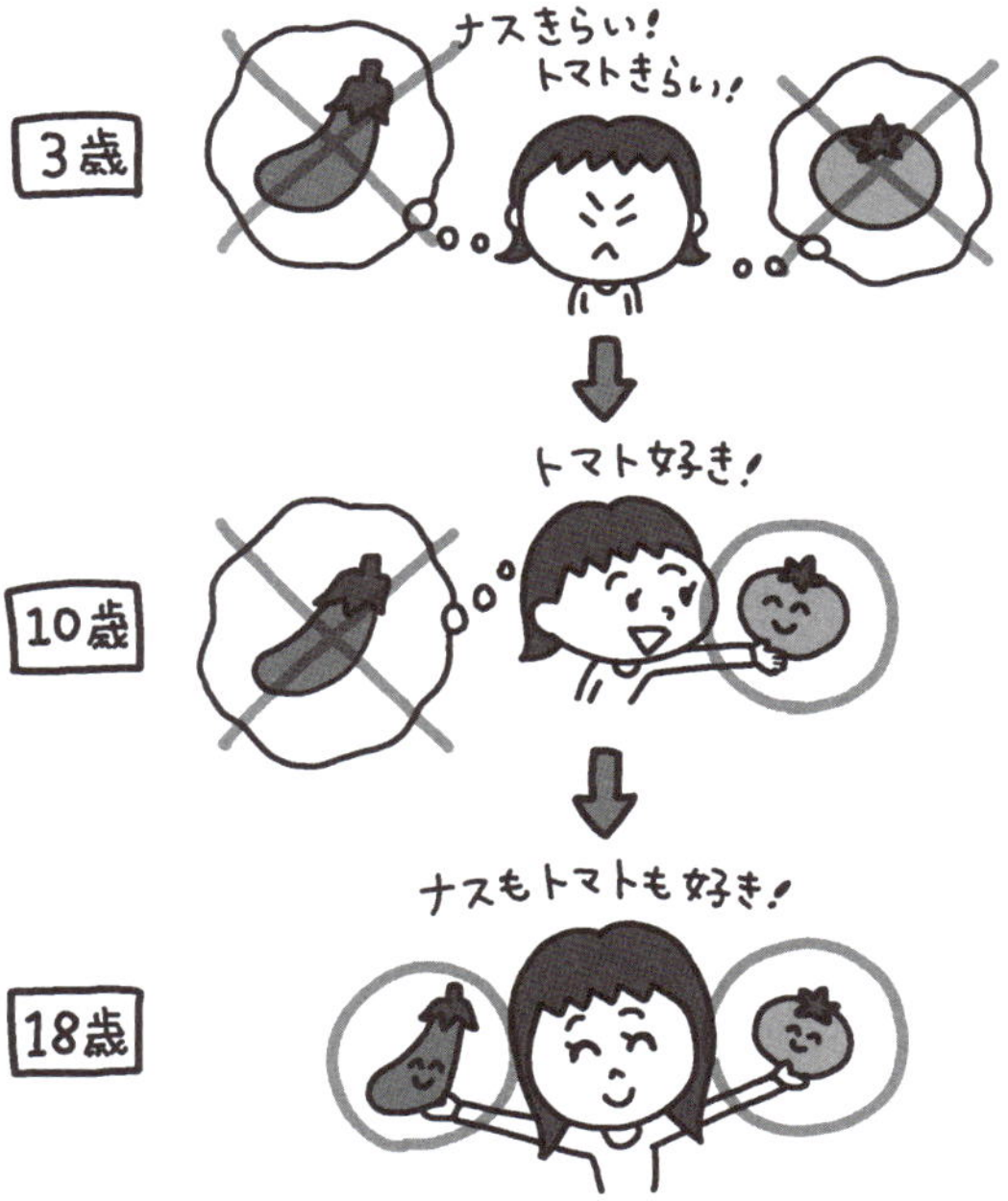

多少の偏食があっても子どもは元気に育つ。成長につれて食べられるものが増えることもあるので、鷹揚に構えておくことが大切

コツ 33

迷ったときは「子どもの心の健康」を優先する

ここまで読んでくださった方の中には、「『見守る子育て』って大変だな」と思った方がいらっしゃるかもしれません。

そうですね。子どもが育つ日々のひとつひとつを見つめて、わが家なりのビジョンを持って向き合っていくということは、簡単なことではありませんね。ひとつだけの答えがあるわけでもありません。

本書でお伝えしている知識や考え方もあくまでヒントであって、「これを全部やらないとお子さんがダメになる」なんてことはありません。

ご家庭の考え方と相性がよいものだけ、取り入れていただければ十分です。

とはいえ、さまざまな知識を得ることによって、選択の際の迷いは生じます。「中学受験をする・しない」といった子どもの進路に関わるようなことから、「ちょっと体調が悪そうだが、近所の公園に遊びに行きたがっている」といった日常生活の一場面まで、迷ったときの判断基準についてここではお話ししたいと思います。

鉄則としては、とにかく**「子ども本人の心の健康を最優先にする」**です。

▼心が満足すると、体も健康になる

もちろん致命的なものはダメで、熱が38度5分もあるのに「心の健康のために遊びに行っておいで」という話ではありません。

ですが、「いつも就寝時間は夜9時と決めているけれど、今夜9時から放送するアニメ映画をどうしても今日見たがっている」というときに、それが本人にとって特別な喜びならば、見せてあげればいいと思います。

気持ちのうえで満足できると、体の健康にもつながります。一時的に生活リズムが狂ったとしても心の満足があれば立て直せます。9時からアニメ映画を見せてあげて、いつもより寝る時間が2時間遅くなったとしても、次の日の朝は少しゆっくりめに起きて、夜はまたいつもの時刻に就寝する、といった対応でいいと思うのです。

▼今の世の中は「与える子育て」に陥りやすい

私がなぜ心の健康を重視するかというと、本書の中でも何度かお話ししてきましたが、今の子育てというのは「与える子育て」に陥りやすい環境が整っているからです。教育サービスも選び放題ですし、インターネットやSNSなどで周囲の話も入ってくるので、ついあれもこれもさせたくなってしまうのです。

親は誰しもわが子のことが大事です。さまざまな経験をさせてあげたいのです。 情報だっていろいろ集めます。

その結果、「与える」ことにばかり意識が向かい、肝心のわが子の心が動いているかどうかを見失うというのは誰にでも起こるのです。そして「与える子育て」は常に、タスク管理型に陥るリスクをはらんでいます。

今の世の中がそうなりやすい構造なのです。

だからこそ、親御さんには常に、**お子さんの心が今どこに向かっているのかに目を向け、子どもの心の健やかさを大事にする**という心構えでいてほしいと思います。

▼計画を立てるときはまず遊びの予定から

では、それを生活にどう取り入れればよいかというと、1日の計画でも1週間の計画でも、**計画を立てるときはまず遊びの予定を先に入れる**ことです。

多くの親御さんは子どもの予定を立てる際に、「余った時間に遊びを入れる」という考え方をします。しかしこれでは、子どもの心は動きません。

子どもは遊んでいるときに自分らしさを発揮して元気になります。そして、遊びの時間にチャージしたエネルギーを使って、勉強したり練習したりするわけです。

ですからお子さんの計画を立てるときには、**先に「遊び」の予定を決めて、残**

りの時間に「勉強」を入れるという発想が理に適っているのです。

実際わが家でも、息子が小学生のときからずっとこの方針です。宿題などのタスクを本人が確認する際に、「今日は何して遊びたいの?」と、遊びの予定を必ず問いかけるようにしていました。息子が勉強の予定を先に入れようとしたときも、「いやいや、先に見たいテレビ番組を入れようよ」と声をかけるようにしてきました。

ここで言う「遊び」とは、子どもが好きなことに没頭できる時間や、ボーっとできる時間全般を指します。公園で遊ぶとか、ゲームをするといった「ザ・遊び」に限定せず、絵を描いたり本を読んだり、ぬいぐるみをモフモフするといった、日常のささやかな楽しみも全部そうです。

心が動かないままにあれこれ予定を詰め込まれても「やらされ感」が強まるばかりで、本人の達成感にはつながりません。子どもは**自分の心が動くことに熱中して満足と納得を得ることで、勉強にも前向きな気持ちになれる**のです。

▼心のダメージに比べれば、勉強や運動の遅れは大した問題ではない

そもそも勉強の遅れや、ほかの子と比べて体を動かす量が少し足りない、といったことは大した問題ではありません。あとで取り返せるからです。

1日や2日宿題をサボったとしても、そのあと頑張れば大丈夫です。

ですが、「もうどうでもいい」とか「何もしたくない」と無気力になったりしたら、回復には大変な困難が伴います。

勉強がもし2年も3年も遅れた状態が続いたなら、それは勉強の問題ではなく、心のダメージが蓄積したことの問題として受け止める必要があります。そうした心のダメージを癒やすには大変な時間とエネルギーがいるのです。

迷ったら、最後は子どもの心です。健康と言うと「体の健康」を思い浮かべがちですが、何歳であっても「一番大事なんは、心の健康やねんで」（私は普段関西弁なので、あえてこう書きます）とお伝えし、この章の話を終えたいと思います。

column

東京に住んでいる親御さんたちに知っておいていただきたいこと

複数の知人から、東京から地方へ引っ越してお子さんが元気になったという話を聞いたことがあります。

ある方は塾の勉強でお子さんが疲弊し体調にも影響が出ていたため、思い切って転勤願いを出して地方都市に引っ越しました。すると、東京にいたころは「あれもこれもやらねばならない」とタスクに追われていたのがうそのように、親も子も元気になって、お子さんが生き生きしてきたのだそうです。

東京は最先端のモノやサービスにあふれ、情報もたくさん入ってくるので、便利な半面、人の不安を煽りやすい街です。「何もしないでいると置いていかれるのではないか」という不安を埋めようとして、子育てにおいても過剰なまでにタスクを入れてしまいやすくなります。これは親の虚栄心というよりも、街がそうさせているところがあるのです。

ですから、首都圏、特に東京で子育てしているお父さん、お母さんたちは、「実はすごく大変な街で子育てをしている」という自覚だけでも持っておいたほうがよいと思います。この街で生きていくのは思っている以上に大変ですし、心の余裕を失いやすいのです。

だからこそ私は、「見守る子育て」を多くの家庭に届けたい、と考えています。「見守る子育て」にお金は要りません。今の自分、今のお子さん、今ある環境を「認める」ことで今日からすぐ実践できる子育てです。

第◇章……人間関係を見守る

自信

学びの技術

習慣

コツ 34

あいさつはまず家庭の中で始める

お子さんが「自分軸」を発揮して、社会の中で幸せに生きていくには、**人間関係を築く力が不可欠**です。生まれ育った家庭の中だけでいつまでも生きていく、というわけにはいきませんからね。そして人間関係作りの第一歩は、なんといっても「あいさつ」ということで、ここでは**あいさつできる力**の育て方を考えていきましょう。

まず、大前提として、子どもにとって**「あいさつはけっこう難しい」**ということをわかってあげてください。

あいさつの大切な機能は、相手に「この人は自分に敵意がない」と思ってもらうことです。たとえば、さまざまなバックグラウンドの人々が集まるアメリカのような国では特に、たまたま居合わせた人とも積極的にあいさつする文化があります。

一方で日本は長年、顔見知りばかりの村社会だったので、見知らぬ人と接することに慣れていません。その状態で人口が東京などの都市に流入してきたので、満員電車に無言で体を押し入れてくるような〝あいさつレス社会〟になっているのですね。

そんな環境の中であいさつのできる子に育てるには何がポイントかというと、**まず家の中にあいさつがあること**です。「あいさつをしなさい」と言い聞かせるのではなく、親が率先してあいさつをしている姿を見せることが重要ですね。

みなさんのご家庭では、大人同士で「おはよう」「いってきます」「いってらっしゃい」「ただいま」「おかえり」「おやすみ」のあいさつが行われているでしょうか。あいさつを大事にする親のもとで、子どものあいさつも育っていきます。

▼子どもも「あいさつをしたくない」わけではない

子どもには、**外の人にあいさつをするというのはすごくハードルが高い**のです。

特に、あまり大きな声を出さないタイプの子や周囲の様子を観察するタイプの子は、「あいさつをしても返事をしてもらえなかったらどうしよう」「聞こえなかったらどうしよう」などと、うまくいかなかったときのことを考えているうちにタイミングを失って、「ああ、またあいさつできなかった」となりがちです。

こういうタイプの子は、親と一緒に**「お出かけ前のプチ練習」**をしてみましょう。親が近所の人の役をして、シミュレーションするのです。

練習すると、子どもから、「相手がこっちを向いていなかったらどうするの?」「おはようございますって、何時から何時まで?」「知らない人に話しかけていいの?」など、大人が思いもよらないような疑問が出てくることがあります。そのひとつひとつに答えて子どもの不安を解消し、安心させてから出かけるといいですね。

▼「言おうとしたんだよね」というスタンスで見守る

練習のかいあってあいさつができたら、「できたね」と笑顔を渡します。練習した

ように いかなかったときは、「ドキドキした?」「言いにくかった?」と寄り添ってあげます。「練習したのになんで言えないの」などと言うと、ますますハードルが上がるので、気をつけましょう。**「言えるはずなのに言えなかったのには、何か事情があるんだよね」というスタンスをとる**のがポイントです。

「言えなかったけど、言おうとはしたんだもんね。じゃあ今度は言えるよ」
「あいさつしようと思っていたら大丈夫。言えるようになるからね」
こんなふうに励ますことで、だんだんあいさつができるようになっていきます。

都会は特に、見知らぬ人とすれ違うときは無言であることが圧倒的に多いので、大人たちのそんな姿を見ている子どもがあいさつをするというのは、かなりの難題です。ですが、これからのＡＩ社会では、個人個人のつながりがますます重要になります。そこでものを言うのがあいさつの力。うまく育ててあげましょう。

コツ35 「ありがとう」はプロセスまで想像して言う

子どもの人間関係を育むうえで、あいさつと並んで大事なのが「ありがとう」を言えることだと思います。どの親御さんもお礼を言うことを教えていると思うのですが、実際に言える子はそう多くはありません。

子どもたちの様子を見ていて思うのは、**「ありがとう」が損得勘定とくっついてしまっていることがけっこうある、**ということです。物をもらったとか、何かをしてもらったとか、自分が得をすることについてはお礼を言えるけれど、気配りや心遣いに対してお礼を言える子、というのは少ない印象です。

人間関係を円滑にできる人は、たとえもらったプレゼントが好みのものでなくても、それを選んでくれた贈り手の気持ち、お店に足を運んでくれたことなどのプロセスを想像して「ありがとう」と言うことができます。

そう考えると、単に「ありがとう」を言うことを教えるのではなく、**まわりの人が自分に向けてくれる思いやりを想像する力を育む**というのが、お礼が言える子に育てるうえでのポイントだと思います。

▼「気持ち」に対してお礼を言うことを教える

そのためには、たとえばプレゼントをもらったときには「いろいろ考えて選んでくれたんだろうね、うれしいね。その気持ちに対してお礼を言うんだよ」といったふうに、見えない部分も想像しての「ありがとう」を教えていきたいですね。

大人は無意識に「○○してもらったんだから『ありがとう』でしょ」などと言ってしまいがちです。そうすると子どもは、気配りなど、目に見える利益でなかったときには「何もしてもらってないのに、なんで?」と考えますし、もらったものが気に入らなかった場合は「別に欲しくないのに、なんで？」と考えてしまいます。

幼少期は特に、どちらかというと女の子のほうが、気持ちに対する「ありがとう」が上手ですね。男の子が総じて「ありがとう」が下手なのは、プロセスをイメージする力がまだあまり育っていないことが原因だと思います。

もちろん、教えれば育んでいける力ですから、**今「ありがとう」が言えていなくても大丈夫**です。

さきほども少し触れましたが、今の子どもたちが社会に出ていく時代を考えたときに、「人とのつながり」は今まで以上に大事になっています。インターネットやＡＩの発展で社会がデジタル化していくため、逆にリアルな人のつながりや心のつながりといったアナログの価値が高まるのです。

こういう社会においては、自分に関わる人たちそれぞれの背景に想像力が働き、共感できる人のまわりに、人が集まります。口先の「ありがとう」ではなく、**想像力を子どもたちに渡してあげることがますます大事になること**は、わかっておいてください。

「ありがとう」は背景まで想像することが大切

単に「ありがとう」という言葉だけではなく、まわりの人が自分に向けてくれる思いやりを想像する力を育むことが大事

コツ 36

読書で対人関係力の素地を育む

本を読むことについてはこれまでもお話ししてきましたが、読解力とか、受験とかそういう即物的な話を離れて、なぜ読書が昔からずっと推奨されてきたのかを考えると、結局は**読書が教養を育む**から、という点に行き着きます。

教養というのは**人間社会に対する理解を深めていくこと全般**を指し、教養を持つことは、さまざまな人の背景を理解することにつながります。

たとえば歴史に造詣が深い人なら、目の前の社会現象で人々が右往左往している様子を見ても、慌てることなく「これまでも繰り返されてきたことだ」と冷静に見ていられます。かといって右往左往する人たちをバカにすることもなく、「それもまた歴史の繰り返しだ」という理解ができます。わかることが増えると、それだけ人を理解でき、許せるようになります。**教養があると優しくなれる**のです。

▼本をたくさん読む人とは、たくさんの人の話を聞いた人

では、なぜ読書が教養を育むかというと、そもそも本というものは著者の考えや研究成果をまとめたものなので、その著者の人生がギュッと凝縮されているのです。**本を読むこととは、その本の著者という人間と会話をしているようなもの**なのです。

ですから、本をたくさん読む人というのはたくさんの人としゃべっている人、もっと言うと、たくさんの人の話を聞いている人だと言えます。聞く力が高ければ、人間関係はうまくいきます。**読書で対人関係力の素地を育むことができる**のです。

読書好きは人付き合いが下手なイメージがあったりもしますが、実はそうではありません。おとなしいタイプの子だと、人と関わるよりも自分の世界で本と会話をする

ほうが楽しいので、外から見ると人付き合いが苦手なように受け取られるだけです。そういう子が何かのきっかけで人と関わり始めると、それまでに読んできた本の世界が生きて、その子の魅力になっていきます。

競技クイズの世界を描いたコミックに『ナナマル サンバツ』という作品があります。私は息子に借りて読ませてもらったのですが、主人公がまさに本の虫で人付き合いが苦手な子なんですね。ところが競技クイズに出会うと、それまでの読書経験による博学が生きて、大活躍していくのです。マンガの世界ではあるものの、実社会でもこういうことはあるだろうなと感じさせるストーリーです。

読書は子どもに無理強いするものではなく、本質的には、子ども自身が本の世界と出会うことを待つしかありません。親は本との出会いを手伝う立場にいます。

その親自身が、本来的な読書の価値とは目先のノウハウを得ることではなく、**本の著者との対話を楽しみながら世界への理解を広げるところにある**ということをわかっておくと、わが子と本との出会いを余裕を持って待てると思います。

では、本との出会いをどう手伝うかですが、コツは**子どもが本を読んだあとに**

声かけすることです。どんな本でもよいので、子どもが現に読んだという体験を経験へと育てるのです。もちろん、読み聞かせしてあげた本も含みます。

「どんなお話だった？」「どんなところが面白かった？」と感想を聞いてみる。「すごく集中して読んでたね」と本人の様子を伝えてあげる。また、「本に出てきたあの子、友だちの○○ちゃんに似てるよね」と、本と子どもの世界をつなげたり、「この本、お母さんも幼稚園のときに好きだったんだよ」と親の思い出を話したりして、本の世界を一緒に楽しむのです。

▼どんな本にも読む意味がある

最後に本の選び方ですが、「役に立つ・役に立たない」という視点は持たないようにしましょう。「マンガのノベライズは読むんですけど、ちゃんとした本は全然読んでくれなくて……」といったご相談をよく受けるのですが、**本を読むことを楽しめているなら、それで十分**です。生活の中に本を開く時間が持てているなら、成長に応じて興味関心が広がる中で、子どもは出会うべくして本に出会っていきます。

コツ 37 お手伝いで「家族の一員」の自覚を持たせる

習い事、塾、受験勉強など、今の子どもたちは放課後も予定がいっぱい詰まっています。そのため昔に比べてどうしても、お手伝い経験が少なくなりがちです。

ですが、**自分のことは自分でできるようになる力、つまり「生きる力」を育てる**ために、お手伝い経験はとても重要な役割を果たします。

▼お手伝いで鍛えられるのは、どんな力？

たとえば、**おつかいでは「段取り力」が鍛えられます。**「スーパーに行く前に必要なものをリストアップする」「冷蔵庫をのぞいてストックを確認する」ことは、買い忘れやムダ遣い防止のための段取りの一部ですね。

お店で品物を見比べて、同じマヨネーズでも値段が違ったらどちらを選ぶか、安いほうか大きいほうか、必要に応じた**「判断力」**も必要です。

「この納豆は98円だから、大体100円だよね。ということは、今日の買い物は合計で1500円くらいだな」という**「概算力」「計算力」**も使います。

掃除も「段取り力」を鍛えられるお手伝いです。せっかく一生懸命に掃除機をかけても、そのあとで高いところのほこりを払ったら、また掃除機をかけ直さないといけません。段取りの大切さを、実際に体験して学ぶことができます。

掃除は「社会性」を育むものでもあります。自分は汚れた部屋でも気にならないとしても、ほかの人は気になることがあるといったふうに、世の中は自分の感じ方だけで回っているのではない、ということに気づかせることができます。

洗濯物たたみは折り紙と同じで、「図形感覚」を養うことができます。服をきちんとたためるようになっておけば、修学旅行など宿泊学習のときにも困りません。

▼「集団の一員として役割を果たす」経験をさせよう

このように、お手伝いで育める能力はたくさんあるのですが、一番大切なのが**「家庭生活とは家族みんなで協力して営むものだ」**と教えることです。

身のまわりの世話を親にしてもらって育つことに慣れてしまいやすい時代だからこそ、**自分も家族の一員として家のことをして当たり前だ、**という意識を育てていきたいものです。親が何でも先回りしてお膳立てしていては、「家のことは親がやるものだ」と教え込むこととなり、結局は自立心を遠ざけ、子どもの成長を阻《はば》むことになってしまいます。

集団の一員として役割を果たすというのは、社会において仲間とつながり合う際のスタート地点です。役割を果たす経験の第一歩として、お手伝いはぜひ取り入れることをおすすめします。

お手伝いで家族の一員だと自覚を持つことができる

お手伝いで「自分も家族の一員として家のことをして当たり前だ」という意識を育てていくことが、子どもの自立心を養うことになる

コツ 38

けんかを禁止するよりも「仲直り力」を育てる

けんかや仲たがいという人間関係のトラブルは、子どもの世界でも必ず起きます。子どもによっては、「もういい」と関係を切ってしまうようなこともあります。ですが、何度かお話ししている通り、これからはますます人とのつながりが大切になります。

ですから、**「けんかをしないでおこう」と教えること以上に、けんかをしたあとの仲直りの力を育てることが大切**です。

もし子どもが友だちとけんかをしてしまったら、まずは「何があったの?」と子どもも本人から事実を聞きます。そして、「相手の子はどう思ってるのかな」「なんでそんなことを言ったんだろう」などと、相手の立場を一緒に考えてみます。

そのうえで、「けんかをしたことと、もう関係はこれで終わりと決めるのとはまた別問題なんだけれど、あなたはどうしたいかな？」と問いかけて、友だちとの関係を考えさせてみる。「あの子も仲直りしたいと思ってるかもしれないね」と相手の気持ちを想像させてみる。「自分の発言もまずかったとは思ってるんだよね。勇気を出して謝ってみたらどう？」と背中を押してあげるなど、次につながる働きかけをします。

自分の気持ちを整理することや、**相手の考えや気持ちを想像する**ことについては、大人が少し手伝ってあげることで、後々の子どもの力になっていきます。

けんかと聞くと親としては気持ちがざわざわしてしまいますが、起きてしまったことは仕方ありませんから、むしろ子どもなりに自己主張ができたことを喜びましょう。

そして、仲直りすることを応援して、できたらほめてあげてください。

▼いじめにどう対処するか

少しくらいのけんかならいいのですが、親として気がかりなのは、やはり「いじめ」問題ですね。誰の身にも起きますし、絶対に正解と言える解決策もありません。

しいて言うなら、いじめられる側にせよ、いじめる側にせよ、いじめに子どもが関わったときに「何でも言える関係」を、親子で普段から築いておくことです。そして、**善悪を諭す前に、まずは子どもの心を守る**ようにしてあげることです。

いじめられて傷ついた子には、「あなたは悪くないよ」「あなたは十分に価値のある存在だよ。そのままでいいんだよ」ということを、しっかり伝えてあげてください。

そして**いじめる側の子どもも、何かしらの不安やコンプレックスなどを抱えて、苦しんでいる可能性が高い**ということも頭にいれておきましょう。

もし、自分の子どもがいじめる側になってしまったら、「ダメでしょう」という否定の言葉はいったん封じます。たいていの子は、親に言われなくても「よくないことをした」という負い目を、すでに十分感じているからです。

❖「いじめる側になってしまったのは、残念なことだよね」

❖「自分がいじめをしているってことは気づいていたの?」

❖「いじめてしまったのは、どんな事情があったのかな?」

まずはこんな言葉で、子どもの気持ちを聞いてみてください。

もし子どもが嫌々加担していたとしたら、「何が正しいかはお父さんも（お母さんも）わからないけれど」と認めつつ、どうすればいじめから一歩引けるかを子どもと相談します。クラス内に話ができる親御さんがいれば、連携してみるのもよいと思います。

とはいえ、いじめの対応は一筋縄ではいきません。

ですから、**まずどうすれば子どもを守れるか、どうすればその気持ちを聞いてあげられるか**を、親としては最優先で考えるようにしたいですね。

40人クラスの中に身勝手な振る舞いをする子どもが2、3人いるだけで、学級崩壊は簡単に引き起こされるそうです。学級崩壊と聞くと、問題児が集まっていたように思われがちですが、最初はほとんどの子がごく普通に過ごせていたのです。それがわずか2、3人の影響で、ほかの子も問題行動を取るようになってしまう。

いじめも同じです。加担したくなくても、嫌でも巻き込まれてしまう可能性があることを頭に置いて、私たち親は、わが子を見守る必要があります。

column

中学受験と子どものトラブル

中学受験において残念な「あるある」が、子ども同士のトラブルです。毎年、6年生の6月ぐらいから、悪口を言われるとか、ノートを隠されるといった「いじめ」が増えます。いじめではなくても、休み時間に遊んだりするときに遊び方が激しくなり、けがをしてしまったりもします。いずれも受験のストレスの表れで、6年生はこういうトラブルが起きやすい時期なのです。

ほかにも「どこ受けるの？」とほかの子の志望校をやたらと聞きたがる子が出てきて、それが妬《ねた》み嫉《そね》みの原因になったりもします。これは親御さん同士の間でも起こります。

そういう時期だとわかっていても、わが子が巻き込まれたら腹が立ちますし、嫌な気持ちになりますね。
「今はみんな必死だから、ちょっとよくない反応が表れるのかもしれない」という、一種のあきらめと言うか、受け流しが必要になることも中学受験時にはよくあります。

これが受験の時期が過ぎると、みんな憑《つ》きものが落ちたように忘れていくのも毎年のこと。家庭で「みんな今こういう状況だもんね」と話し合うなどして、なるべくフラットな心でいられるようにするといいですね。こういうトラブルはどこでも起きることですから、心の準備をしておけば「やっぱりうちにも起きたね」と、落ち着いて受け流すことができます。

第7章

親子が認め合うために

自信

学びの技術

習慣

コツ 39

怒りも不安も「わが子への愛情」から来ていると知る

子育てに悩みはつきません。

特に、真面目で熱心な親御さんほど、「自分はちゃんと子育てできているか」が気になります。時には不安に押しつぶされそうになることもあるでしょう。

そんなときのために知っておいてほしいことがあります。子育てにおけるさまざまな悩みや迷い、不安はすべて**「わが子への愛情」から来るもの**だということです。

▼子育てや教育の話題が炎上しやすい理由

子育てや教育の話題は、いわゆる「炎上」や誹謗中傷が非常に起こりやすい性質を持っています。それはなぜかというと、「自分とは違う子育て」「自分とは違う教育」を目にしたときに、**自分や自分の子どもを否定されたように感じてしまう人が一定数いるから**です。

「他人を攻撃する」という不適切な言動を取ってしまう人たちの、心の奥底には、自己愛とわが子への深い愛情が根ざしているのです。

また、SNSなどで、よその家庭が子どもにさまざまな習い事をさせたり、あちこちお出かけしたり、体によさそうな食事を作ってあげたりしている様子を見て、どっと疲れたり、**そこまでできていない自分は大丈夫だろうか**と不安になったりするのも根っこは同じです。これもやはり、わが子を愛しているからです。

親をしていると、どうしても自分と他人の子育てを比べてしまうものですが、**比較による怒りや不安、疲れといった感情は、わが子への愛情から来るもの**だという認識は持っておいてください。思い悩むことが少し減ると思います。

▼中学受験で夫婦げんかが起きるのも、習い事をさせすぎるのも同じこと

中学受験を控えたご家庭で、夫婦げんかが激増するケースには**夫婦で教育観をすり合わせてきていない**という一定の特徴があります。

これまでは夫婦それぞれの子育てに対する考え方を深く話し合わなくても、なんとなくやってこられたのが、中学受験のように家族総出でエネルギーを注がねばならないイベントがあると、**子育てに対する考え方の違いが浮き彫りになる**のです。

たとえば父親は「できるまで寝るな！」と言う。かたや母親は「体調を崩すとよくないから、無理はしなくていいよ」と言う。

お互い必死なだけに、けんかも起きます。しかし、どちらも「子どものことを考えて、愛情を注いでいる」という点では同じです。

子どもに習い事をたくさんさせていて、傍《はた》から見れば「多すぎるのでは？」と思ってしまうようなご家庭も同じです。わが子が困らないように、自分の力を発揮できるように、よかれと思ってさせているのですが、あれこれさせているうちに、空き時間

のあることが不安になって、気がついたら予定がぎっしり……。これも、わが子への愛情がそうさせているのです。

子育てに関して夫婦で会話がかみ合わなかったり、友人の言葉や行動に納得がいかなかったりするときには、「どちらが正しいか」と考えるのではなく、「愛情の表し方にはいろいろあるんだな」ととらえるようにしてください。そして、「私たちはどれを選ぼうか？」と夫婦で相談して選び出していくようにします。

いろいろな人の話を聞いて、もしも自分の子育てが少しまずかったのではないかと思ったら、そのときも**愛情の表し方を選び直す**だけでいいのです。これまでの子育てだって、愛情から来ているものだったわけですから。

子どもにうまく接してあげられなかったとか、ほかの家と比べてうちはダメだな、などと落ち込んだり、自信をなくしたときも、「そう思うのは私がこの子に愛情を注いでいる証拠なんだな」というところにぜひ立ち戻っていただきたいと思います。

すべてはお子さんへの深い愛情から来ているのです。

コツ 40 母親がガミガミ言いがちな理由を知る

本書を通して、「当たり前のことをほめること」、その大切さに繰り返し触れてきました。

ほめることの大切さをお話しすると、「もっとほめてあげたいのに、叱ってばかりです」「叱ってばかりいる私は、本当はこの子のことが嫌いなのでしょうか」という反応をいただくこともあります。

ですが、**叱るのもほめるのも、実は同じこと**なのです。この子が大事、この子によりよく生きてほしいという思いが、違う形で表れているだけです。

叱るのは、お子さんが大事だからです。ものすごく叱るのは、お子さんがものすごく大事だからです。ものすごく心配でものすごく大事にしてあげたいから、叱りすぎてしまうのです。こういうことを知っておくとよいですね。

不安や心配は、度が過ぎると怒りに変わります。**際限なく叱ってしまうのは、親が不安を抱えていたり、忙しすぎたりして、いっぱいいっぱいになっている証拠**です。

ふと我に返って、毎日毎日ガミガミ言っている自分に嫌気がさしたときは、まず「自分はこんなにも子どものことが大事なんだ」ということに気づきましょう。

それと同時に、「余裕のなさが叱りすぎという表れ方をしているのだから、**人に助けてもらったほうがいいタイミングだな**」ということにさえ気づければ大丈夫です。

▼なぜ母親は子どもを叱りすぎるのか

こんなふうに叱りすぎてしまうのは、総じてお母さんのほうです。その理由は、子どもを授かったときからの数年間にあります。

母親は、子どもを授かったときから命がけで子育てをしてきたということがその理由です。

私はいつも**「お母さんたちが叱りすぎてしまうのは、命がけで子育てをしてきた勲章です」**とお伝えするのですが、子どもが3歳くらいになるまで、母親がどれだけ子育てに力を尽くしてきたかを考えれば、命がけという言葉は決して大げさなものではありません。

生まれたばかりの赤ちゃんに、数時間おきに授乳します。1回の授乳は800メートル全力疾走と同じくらい体力を消耗するそうです。ミルクで育てたとしても、お湯の温度を調節したり、哺乳びんを使うたびに殺菌したりと、大変な手間がかかります。まとまった睡眠時間が取れない日が数カ月、あるいは1年以上続くこともあります。乳児は言葉でコミュニケーションがとれませんから、お腹が空いていないか、具合が悪くないかと、子どもの表情や泣き声に日々神経を使います。

口には出さずとも、「ちょっとでも私が目を離したり、泣き声に気づいてあげられなかったりしたら、病気になってしまうかもしれない、死んでしまうかもしれない」、そのくらいの気持ちで、お母さんたちは頑張っているのです。

常に最悪の状態を考え、問題点を素早く見つけることでわが子を守り続けているのが、小さな子どもを抱えている母親です。母親というのは、言うなれば「問題点を見つけるプロフェッショナル」なのです。**それを3年も続けていたら、「子どものいいところを見ましょう」と言われても、そう簡単にはいかない**のはもうおわかりでしょう。

子どもを叱る母親に対し、父親が「そんなに怒らなくてもいいんじゃない」などと言ってしまうのは、父親は子どもを**大事にはしているけれど、命がけではなかった**からです。だから冷静でいられるし、母親の苦しみにも気づけないのです。これはお母さんたちにもお父さんたちにも知っておいていただきたいことです。

ガミガミ言うのは命がけでやってきた証拠です。それは勲章として受け止めたうえで、次はその愛情を少しずつ意識して「見守る力」へと変えていきましょう。

ここまで必死に子育てしてきたのですから、**そのエネルギーは必ず、「見守る」方向に変えていけます。**

コツ 41 「なぜ」の正しい使い方を知る

これまで数多くのご家庭をお手伝いした中で気づいた、親子関係を劇的に改善できる秘策がひとつあります。それは、**「なぜ」という言葉の使い方を変える**ことです。

たとえば、「なぜ」「なんで」をこんなふうに使っていないでしょうか。

- 「なぜ忘れたの?」
- 「なんで間違っちゃうわけ?」
- 「なんで言われてすぐにやらないの!」

一般的な使い方に思えますよね? でも、この使い方をしている限り、お子さんが自分で学べるようにはなかなか育ちません。子どもの側に立てば、自分が失敗したときに「なぜ?」と言われると、最終的には「ぼくが（私が）ダメな人間だからです」としか答えようがないからです。

親の側は、「次は忘れないようにしようね」「正しくやればできるはずだよね」というメッセージを伝えているつもりで「なぜ〜できないの?」と言うのですが、子どもからすると「お前はなんてダメなやつだ」と言われているのに等しいのです。「なぜ」は使い方を誤ると、凶器のような言葉になるということを知っておきましょう。

▼「なぜ」はうまくいったときにこそ使う

それでは**「なぜ」はいつ使えばいいかというと、何かがうまくいったとき、できたとき**です。今まで跳べなかったハードルを跳べたり、テストの成績がよかったりしたときに、次のような使い方をします。

❖「なんで今回は跳べたの?」

❖「なんでうまくいったの？」

これは、「うまくいったのは理由があるよね」「あなたの努力や工夫があるからだよね」ということに光を当てる効果があります。こういう「なぜ」には、子どもは「だって〜したから」と自分がうまくいった理由を答えることができます。

うまくいった理由が言えるなら、同じようにすれば次回もうまくいくということです。「なぜ」は使い方次第で子どもの自信とやる気につながるのです。

▼うまくいかなかったとき「なぜ」の代わりに使う言葉

では、子どもの失敗を注意するときにはどうすればいいかというと、**「なぜ」の代わりに「何」を使います。**

❖「宿題やってないね、何があったの？」
❖「練習したのにできてないのは、何があったの？」

こう問われると、子どもも「準備はしてたんだけど、遊びに行って忘れちゃった」などと「出来事」として説明できます。理由がわかれば、「じゃあ今度からは、先に半分終わらせてから遊ぶようにしようか」などと教えてあげることができます。

子ども自身を責める「なぜ」ではなく、「何があったの？」と、事柄に意識を向けた聞き方をすることで、次につなげていくのです。

ここまで読んで、「今までしょっちゅう『なぜ』で責めていたな……」と不安になる方がいらっしゃるかもしれませんが、「なぜ」の使い方を**教わる機会がなかっただけ**なので、仕方がないことです。

日本人は人に迷惑をかけてはいけないと考える傾向が強いので、「なんでそんなことしちゃったの？」と責める言い方をしやすいのでしょうね。

親御さん世代も「なぜ〜できないの？」と言われて育っているので、すぐにパッとは変えられないでしょう。「なぜ」の使い方をまずは知識として持ち、少しずつ意識的に使えるようにしていけばよいと思います。

コツ 42

子どもに真面目に謝る勇気を持つ

子どもにあれこれ教え諭すこと以上に大切なのは、親の自分が間違っていたと思ったら「ごめん」と謝ることです。

なぜ謝ることが大切かというと、**「子どもに対して謝れる＝子どもを一人の人間として認めている」**ということになるからです。

明らかに親のほうが間違っていたり、感情の表し方が過剰だったり、使った言葉が不適切だったりしたときに、それをなかったことにしたり、指摘した子どもに対し「子どもがそんなこと言うもんじゃない」などと居直ったりすると、子どもは「自分は大切にされていない」ということを、敏感に察知します。

それでは子どもが頑張れるはずがありません。言葉にできなくても**「その程度の扱いなら、その程度でいいや」**という心持ちになりますし、「この人に自分の気持ちを打ち明けても意味ないな」と思うようになってしまいます。

ですから親子の信頼関係を育てるうえでは、親が間違っていたときに子どもに謝れるかどうかというのは、ある種、親の力量を見極める試金石になるのです。

親が「ごめん」と言って、子どもが「いいよ」と答える、これは親子が同じ地平に立っているということです。**本当の信頼関係は、親子が同じ場所に立つことから始まります。**

子どもに手をかけて頑張っている親御さんほど、子どもに謝るのが苦手な傾向があります。「してあげる側」に回っているので、無意識のうちに自分が上に立ってしまうのですね。もし心当たりがあったら、少し勇気を出して、子どもと同じ場所に立ってみてください。子どもを一人の人間として認めると、子どものいいところ、尊敬できるところがもっと見えてきて、親子で学び合うよい関係を作ることができます。

コツ 43

「子どもに教える」のではなく「子どもと一緒に育つ」

本書の最後にまとめとしてお伝えしたいのは、子育てというのは、「親が子どもに与える」という一方的な関係ではなく、**「親が子どもを育て、子どもが親を育てる」**という「互いに育っていく関係」だということです。

「子どもにはわからないだろう」

大人はこんなふうに思いがちですが、実は**2、3歳の子どもだって、親のことを見透かしています。ただ、それを説明する言葉を持っていないだけ**なのです。

たとえば子どもが「公園で虫探しがしたい」と言い出したけれど親の自分の気が進

まないとき、「雨上がりで地面がぐちゃぐちゃだから、今日はやめておこう」などともっともらしい理由をつけたとしても、「理由をつけてるけど、お母さんが興味ないだけだな」と、子どもにはバレています。

親が疲れていてちょっと無理をしているときに、子どもはそれを「無理してるな」という言葉にすることはできなくても、「なんか違う」というのは気づいています。

ですから、疲れているなら「ちょっとお父さん疲れてて、今日は遊ぶのしんどい。ごめんな」と言ってしまってよいのです。すると子どもも、「変な感じだったのは、お父さんがしんどかったからなんだ」と理解できてホッとします。

「子どもには全部バレている」

私がこのことをありありと実感した事件があります。

ある時期、私と妻が互いにいらだちを募らせて、険悪な空気になっていたことがありました。そんな時期のとある週末、家族で出かけたときのことです。

私・息子・妻という並びで歩いていたのですが、私も妻も息子には目を向けるものの、互いにはよそよそしく目を合わせないようにしていました。

歩き出して少ししたときに、その事件は起きました。

まだ幼稚園に入りたての息子が、私の顔を見て、妻の顔を見て、それぞれとつないでいた両手を合わせるようにして、私たち夫婦の手を結ばせたのです。

「ああ、この子には全部わかっているんだな」と、全身に電気が走ったような衝撃を受けたことを今もよく覚えています。

子育てを「親が子どもに与えるもの」ととらえていると、自分の不安を子どもに投影してしまいがちです。

たとえば自分が英語を使えないと、子どもに英語を学ばせたくなりますし、ＩＴ関係はどうも苦手だな、と思っていると、子ども向けのプログラミング教室を見かけて心がざわざわしたりします。友だち作りがあまり得意でなければ、子どもにはたくさん友だちを作らせようとしてしまいます。

でもそれは、**親自身の都合であって、子ども自らの育ちではありません。**

まずは親御さんがありのままの自分を認めて、自分を許すことです。自分を好きになることです。苦手なことがあっても、失敗してしまうことがあっても、それも自分。夫婦で、家族でお互いを認め合って、お互いを大切にし合って、「そんな自分も悪くない」と思えるようになってください。

そうなったとき、子どもを見守れている自分に気づけると思います。

自分の心の動きのままに学びを深めるお子さんの様子を、見守れていると思います。

子どもと自分は違う存在で、それぞれに違っていて当たり前。
子どもは子ども、自分は自分。

子どもを認め、見守り、信じて待つことで、親子が互いを育て合えます。そのとき、お子さんは、自分で学べる子へと成長していることでしょう。

おわりに

本書の執筆は**新型コロナウィルス禍**と共にありました。

突然の休校、リモートワーク、経済不安など、子育てを取り巻く環境が激変し、日本中の子どもたちと親御さんが、苦しい思いを重ねることとなりました。

生活リズムが崩れ学習意欲を失った子、頻発する親子げんか・夫婦げんか、学力不安から空回りを重ねる中学受験家庭、うつ症状を見せる子どもたち……私の元に寄せられる切実なご相談の数々。そのすべてに対し私は、**「見守る子育て」メソッド**に基づいてお答えしてきました。

「子どもへの信頼」と**「信頼するための知識と技術」**をお渡ししながら、

お子さんは大丈夫ですよ。

お母さんのあなた、お父さんのあなたも大丈夫ですよ。

根拠と共に、そう声をかけ続けてきました。

本書でお話した内容はすべて、これまで私に寄せられてきたリアルなお悩みに対して、お子さんと親御さんを笑顔へと導いてきた、**「見守る子育て」メソッド**の実践そのものです。

ここまでお読みくださった皆さんにも、今すぐ取り入れていただけます。

親同士が悩みを分かち合い、話し合い、「見守る子育て」を実現していく場として、**オンラインサロン「見守る子育て研究所」**の活動も始まっています（最新情報は私のFacebookページ「小川大介の『見守る子育て研究所』」でご確認ください）。

私の夢は、「見守る子育て」が日本全国に広がって、子どもたち誰もが自信と学ぶ意欲に満ちた社会となることです。

一緒に「見守る子育て」で笑顔を広げていきましょう！

2021年1月吉日　小川　大介

小川　大介（おがわ　だいすけ）

教育家。見守る子育て研究所 所長。

1973年生まれ。京都大学法学部卒業。学生時代から大手受験予備校、大手進学塾で看板講師として活躍後、社会人プロ講師によるコーチング主体の中学受験専門個別指導塾を創設。子どもそれぞれの持ち味を瞬時に見抜き、本人の強みを生かして短期間の成績向上を実現する独自ノウハウを確立する。塾運営を後進に譲った後は、教育家として講演、人材育成、文筆業と多方面で活動している。6000回の面談で培った洞察力と的確な助言が評判。

受験学習はもとより、幼児期からの子どもの能力の伸ばし方や親子関係の築き方に関するアドバイスに定評があり、各メディアで活躍中。自らも「見守る子育て」を実践し、一人息子は電車の時刻表集めやアニメ『おじゃる丸』に熱中しながらも、中学受験で灘、開成、筑駒すべてに合格。

『頭のいい子の親がやっている「見守る」子育て』『子どもを叱りつける親は失格ですか？』（KADOKAWA）、『1日3分！頭がよくなる子どもとの遊びかた』（大和書房）など著書・監修多数。


自分《じぶん》で学《まな》べる子《こ》の親《おや》がやっている「見守《みまも》る」子育《こそだ》て

2021年１月15日　初版発行
2022年３月25日　再版発行

著者／小川《おがわ》 大介《だいすけ》

発行者／青柳 昌行

発行／株式会社KADOKAWA
〒102-8177　東京都千代田区富士見2-13-3
電話　0570-002-301（ナビダイヤル）

印刷所／凸版印刷株式会社

●お問い合わせ
https://www.kadokawa.co.jp/（「お問い合わせ」へお進みください）
※内容によっては、お答えできない場合があります。
※サポートは日本国内のみとさせていただきます。
※Japanese text only

定価はカバーに表示してあります。

ISBN 978-4-04-604942-1　C0037